Ados, Amour et Sexualité

Version fille

Collection dirigée
par Mahaut-Mathilde Nobécourt

Dans la même collection

Ados, Amour et Sexualité
Version garçon
Dr Sylvain Mimoun et Rica Étienne

22, rue Huyghens, 75014 Paris

www.albin-michel.fr

ISBN : 2-226-12612-0

Dr Irène Borten-Krivine et Dr Diane Winaver

Ados, Amour et Sexualité

Version fille

Illustrations : Philippe Tastet

Albin Michel

Sommaire

Chapitre 1.
Le corps et ses métamorphoses, 11
page 11

Chapitre 2.
L'éveil de la sexualité, 71
page 71

Chapitre 3.
La contraception, 99
page 99

Chapitre 4.
L'interruption de grossesse, 137
page 137

Chapitre 5.
La consultation de gynéco, 159
page 159

Chapitre 6.
Les maladies du sexe, 185
page 185

Dictionnaire de l'amour et du sexe, 211
page 211

Introduction

« Il faut que j'aille chez ma gynéco. » Pourquoi tant de femmes, même très jeunes, consultent-elles des spécialistes, le plus souvent des médecins femmes, auxquelles toutes avouent qu'elles n'aiment pas du tout ce genre d'examen, quand elles ne leur disent pas d'un ton apitoyé : « Voir ça toute la journée, vraiment je me demande comment vous faites ? » Il est vrai que, aller chez sa gynéco[1], ce n'est pas comme aller chez quelqu'un de la famille, ce n'est pas comme aller chez le coiffeur et ce n'est pas non plus comme aller chez le médecin quand on est malade.

La pilule et la contraception en général ont été pour les femmes une immense conquête. Mais pour les obtenir il a fallu se battre, et les femmes se sont battues. Cela a mis fin à une très longue période pendant laquelle la condition des femmes était de faire des enfants, sans avoir le droit de décider du nombre qu'elles voulaient.

Au début, la contraception a été combattue par la majorité du corps médical. Seule une minorité de médecins et des gynécologues, hommes et femmes, l'ont prise en charge. Grâce à la contraception, des femmes bien portantes sont venues consulter, elles ont eu un examen gynécologique et un frottis de dépistage. On a examiné leurs seins, ce qui était nouveau. Jusque-là, on ne s'occupait que des seins des mères qui allaitaient et des seins malades des vieilles dames. Les seins de toutes les autres étaient perçus comme des objets érotiques, tentateurs, et

1. Il y a, bien entendu, des gynécologues hommes mais, par commodité et parce que nous pensons que, bien souvent, les jeunes filles préfèrent aller voir des gynécologues femmes, nous avons choisi de mettre partout ce mot au féminin.

le médecin reculait devant un examen qui aurait pu paraître suspect.

Toujours grâce à la contraception, la consultation de gynécologie est devenue un lieu où l'on peut parler de son corps, de ses maladies et de son sexe, tout comme on peut parler de sa vie affective et sexuelle. Au début venaient les mères de famille, puis petit à petit on y a vu des filles de plus en plus jeunes. Aujourd'hui, les mères y envoient leurs filles, les filles y viennent seules et, plus tard, il arrive que ce soient elles qui donnent une adresse à leur mère. D'autres, très nombreuses, préfèrent avoir leur propre gynécologue, une relation rien que pour elles. Pour certaines adolescentes, la consultation de gynécologie est comme un passeport de féminité. Ce n'est pas pour autant une démarche facile.

Ces consultations peuvent être des jalons dans la recherche de son identité. En voguant parmi les multiples aspects des maux et des mots des jeunes filles, ce livre se veut l'écho de ce qui se fait, de ce qui se dit dans les consultations de gynécologie, où l'on passe du fonctionnement des organes à la sexualité, des souffrances du corps à celles du cœur et de l'esprit.

Nous constatons tous les jours la disproportion entre ce qui doit être assumé par les jeunes filles en matière de contraception et de protection contre les maladies sexuellement transmissibles et les informations qu'elles possèdent sur le fonctionnement de leur appareil génital, sur leur sexualité.

Quant aux garçons, eux aussi se posent des questions, ont besoin d'informations. Alors une version de ce livre « côté garçons » existe pour eux dans la même collection. Ce livre-là est aussi pour vous si vous désirez en savoir plus sur eux, comment ils se transforment, physiquement et moralement, et comment ils voient les filles.

Chapitre 1

Le corps et ses méta-morphoses

La puberté commence avec l'apparition des premières règles, qui signent l'appartenance de la petite fille au monde des femmes.

Mais, avant le coup d'éclat des règles, son corps et son esprit ont été transformés discrètement par ses sécrétions hormonales. Par leur présence ou leur absence, les règles vont ponctuer les années à venir.

Les signes avant-coureurs

▸ Le développement de la pilosité

Il précède celui des seins. Ce premier signe de la pré-puberté est commun aux garçons et aux filles. Certaines éprouvent du dégoût devant ces quelques poils longs et lisses, incongrus sur leur vulve d'enfant... Cela ne ressemble pas à la toison des plus âgées, mais ce n'est déjà plus comme avant. Ces premiers poils, les premières sécrétions vaginales, les changements de l'odeur corporelle sont souvent gênants.

▸ La naissance des seins

La petite fille naît à la féminité avec l'éclosion de ses bourgeons mammaires. Au début, elle peut vivre ce changement de façon négative. Ses seins ne poussent pas toujours en même temps, leur asymétrie inquiète. Leur croissance est parfois douloureuse, ils sont en avance sur sa féminité. C'est une contrainte physique, son corps lui paraît étrange et étranger. Les regards, les sous-entendus, les plaisanteries familiales la gênent, elle fait le dos rond et cache ses seins naissants.

Les premiers émois sexuels

Les hormones féminines qui font pousser les seins éveillent également des émois sexuels qui étonnent et perturbent. Beaucoup de filles connaissent déjà le plaisir de la masturbation. Avec leurs seins, elles découvrent une sensualité nouvelle : la peau en est douce, le mamelon a

Adolescence et puberté

Peut-on dire que l'adolescence commence avec l'âge de la puberté ? Non, certaines filles ont leurs règles vers 10-11 ans, ce sont encore des enfants ; d'autres vers 16-17 ans, ce sont déjà des jeunes filles.

Quant à la fin de l'adolescence, elle est encore plus floue. Il est difficile de la situer lorsque la croissance est terminée et que toutes les modifications hormonales se sont accomplies, puisque cet âge varie d'une jeune fille à l'autre. Il n'est pas possible non plus, de nos jours, d'affirmer que la fin de l'adolescence se marque par une autonomie matérielle et psychologique vis-à-vis des parents.

Les Anglo-Saxons parlent de teenagers, les 13 à 19 ans. Cela simplifie la définition mais ne prend pas en compte les immenses différences physiologiques, psychologiques et comportementales des âges extrêmes.

L'adolescence est une période de bouleversements physiques, psychologiques et émotionnels, marquée par la mise en route de la fonction reproductrice et amoureuse. On ne naît pas adolescent. L'enfance y prépare. L'amour des parents est un tremplin. À l'adolescence de leur enfant, leur rôle devient difficile. Être attentif sans être intrusif, accepter la mise en cause de leur autorité sans démissionner, aimer toujours sans étouffer, assurer la constance des liens. L'épanouissement de l'adolescent se fait contre et avec ses parents.

une vie à part, son excitation procure des sensations physiques troublantes. Les seins leur apportent une image sexuée d'elles-mêmes, que réfléchissent les yeux des autres. Elles commencent à découvrir leur pouvoir de séduction.

▸ Les règles

Avec l'arrivée des règles, la fillette quitte bon gré mal gré son enfance. Elle n'est pas encore une femme, elle n'est plus une enfant. C'est le début de l'adolescence, de ses troubles et de ses découvertes.

L'anatomie

▸ Les seins

Bien avant la venue des règles, vos seins commencent à pousser et font de vous, visiblement, une fille. Certaines sont inquiètes de devenir bientôt des femmes. D'autres sont fières de posséder enfin ce qui les fait ressembler à leur mère.

Les seins, ou glandes mammaires, nous les avons en commun avec tous les animaux qui allaitent leurs petits. L'allaitement est leur fonction essentielle. Mais ce n'est pas encore ce qui vous préoccupe !

Ils prennent leur forme et leur volume peu de temps après la puberté, et vont se modifier tout au long de la vie de la femme.

À l'adolescence, la glande a une forme semi-sphérique, en pomme ou plus allongée, en poire. À son extrémité, le

mamelon, ou téton, pointe plus ou moins. Le mamelon est capable de durcir et de se contracter sous l'effet des caresses, du désir, ou simplement du froid. Il possède un petit muscle érectile et beaucoup de terminaisons nerveuses, ce qui le rend très sensible. Autour du mamelon, l'**aréole** est plus ou moins large et se pigmente sous l'action hormonale. Mais sa coloration dépend également de la carnation, c'est-à-dire de la couleur de la peau ; elle est plus ou moins accentuée, du rose très pâle au brun plus ou moins foncé, tout comme celle du mamelon.

? *J'ai une copine qui a deux poils autour de l'aréole, c'est normal ?*

Parfois, quelques poils apparaissent autour de l'aréole. Ce n'est pas une anomalie, il s'agit le plus souvent d'un héritage familial. Évitez de les couper ou de les arracher : vous risquez d'une part de vous infecter et d'autre part de les voir repousser plus drus. Par contre, vous pouvez les blondir avec un produit acheté en pharmacie, ou vous en débarrasser définitivement par une épilation électrique. Si la pilosité est importante, si elle s'étend entre les seins et à d'autres parties du corps, le médecin prescrit une prise de sang pour vérifier les taux d'hormones. Une pilosité anormale se traite et se guérit.

? *Ma sœur a des sortes de boutons sur l'aréole. Est-ce dangereux ?*

Ce sont les tubercules de Montgomery, de petites excroissances constituées par les glandes sébacées situées dans le tissu sous-cutané. Elles sécrètent du sébum, substance graisseuse à l'odeur particulière (voir peau p. 51). Pensant qu'il s'agit de boutons, certaines femmes les pressent. Il vaut mieux ne pas y toucher car elles peuvent s'infecter.

? *Je trouve mes seins trop petits. Que faire ?*

Il est rare que l'on soit satisfaite de ses seins. On ne peut s'empêcher de les comparer à ceux des stars et aux magnifiques poitrines exposées dans les magazines. Alors, on trouve ses seins trop petits ou trop gros, le mamelon semble trop saillant ou trop peu visible. Il peut être un peu rentré. On s'inquiète de leur asymétrie. Mais nos deux seins ne sont pas exactement semblables. Regardez vos pieds et vos mains, ils ne sont pas non plus tout à fait pareils. La nature se moque de la symétrie.

LES SEINS

Vos seins ont transformé votre silhouette. Il faut un certain temps pour s'habituer à sa nouvelle image corporelle, accepter ses seins naturellement et même en être fière.

Pour avoir de beaux seins, il ne faut pas les cacher en faisant le dos rond. Un dos droit et musclé, des muscles pectoraux solides, des épaules dégagées assurent la beauté des seins même quand ils sont petits. La natation galbe joliment la poitrine, et les courbes de poids fantaisistes peuvent abîmer les seins.

J'ai des stries violacées sur les seins. Que puis-je faire ?

Il s'agit de vergetures. Ce sont des striures rouge violacé provoquées par la rupture des fibres élastiques situées sous la peau à la suite d'une distension trop brusque. Cette distension de la peau est provoquée soit par une prise de poids rapide, soit par une sécrétion excessive des hormones de la surrénale, petite glande située au-dessus des reins.

Il n'y a pas grand-chose à faire pour les éviter, mais elles disparaissent assez vite. En moins d'un an, les vergetures deviennent blanc nacré et ne se voient presque plus. Certaines peaux y sont plus sensibles que d'autres.

Faut-il porter un soutien-gorge tout le temps ?

Ce n'est vraiment pas indispensable pour des seins bien « amarrés », mais, si l'on a une poitrine lourde, le soutien-gorge procure un certain confort. En revanche, que les seins soient gros ou moins gros, il est recommandé pour la pratique du sport.

Les soutiens-gorge trop serrés, dont les armatures font pression sur la glande, sont déconseillés : ils risquent d'entraîner des douleurs dans les seins. Certains mamelons sont écorchés par des coutures agressives qui les râpent.

Pour ne pas comprimer vos seins qui sont en train de prendre du volume, prenez un soutien-gorge d'une taille au-dessus quand vous les sentez à l'étroit.

? *Est-ce qu'il est dangereux de mettre ses seins au soleil ?*

On peut exposer les seins au soleil comme le reste du corps. Cependant, leur peau est plus fine et plus fragile

Le soleil

Le soleil envoie vers la terre des rayons ultraviolets (UV) responsables des principaux effets du soleil sur la peau. Certains effets sont bénéfiques. Les ultraviolets stimulent la production de vitamine D dans l'organisme. La vitamine D rend les os plus solides et permet au calcium de mieux s'y fixer. Ils donnent à la peau une pigmentation protectrice contre les rayons solaires, c'est le bronzage.

Certains effets sont négatifs à long terme, notamment un vieillissement cutané prématuré particulièrement visible sur le visage et sur le dos des mains, avec une peau qui a perdu son élasticité, ridée et parsemée de taches pigmentées. S'exposer au soleil trop longtemps sans protection favorise l'apparition de certains cancers cutanés, les mélanomes.

Pour avoir bonne mine l'hiver, certaines femmes recourent à des séances de bronzage par UV en cabine. Le temps d'exposition doit être réglementé, et l'appareil de bonne qualité pour éviter les risques. Des crèmes pour bronzer sans soleil sont disponibles sur le marché, mais les dermatologues ne sont pas tous d'accord pour dire qu'elles sont inoffensives.

que celle des jambes ou du dos. Pensez donc à mettre une crème protectrice, et ne restez pas des heures au soleil sans bouger. Les bains de soleil, c'est bien agréable, mais à la longue le soleil n'est pas toujours ami de la peau.

? *La chirurgie esthétique se pratique-t-elle à l'adolescence ?*

Cela dépend de l'âge, du degré de développement de la glande mammaire et de l'anomalie constatée.

> → *Claire, 16 ans, vient consulter pour ce qu'elle vit comme une difformité. Ses seins ont poussé en six mois alors que le reste de son corps n'a pas changé. Un an plus tard, son corps s'est développé. Il est redevenu harmonieux.*

Il faut être extrêmement prudent avant de prendre une décision chirurgicale. Quand une importante hypertrophie ou une ptôse mammaire (les seins qui tombent) déforme la silhouette, la chirurgie réparatrice est tout indiquée, mais il faut savoir qu'elle laisse des cicatrices. Quand il s'agit d'une anomalie morphologique, elle est même prise en charge par la Sécurité sociale.

Coupe du sein

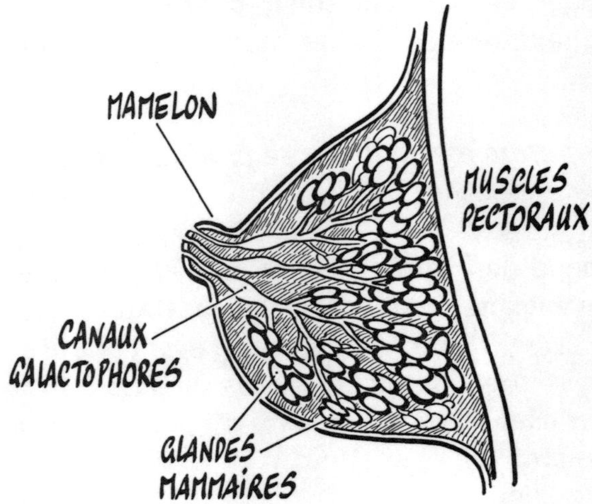

Le sein est constitué par trois sortes de tissus :

*• **Le tissu glandulaire,** en prise directe avec les hormones. Il est rempli de lobes contenant des lobules pleins d'acini, ces minuscules unités glandulaires qui sécrètent le lait après l'accouchement. Le lait est conduit vers le mamelon par des canaux galactophores à la manière de la sève dans un arbre : les canaux galactophores sont fins et nombreux au niveau des acinis, ils s'abouchent à des canaux plus gros dans les lobes puis se terminent en une douzaine de pores galactophoriques, que vous pouvez voir avec une loupe sur vos mamelons.*

*• **Le tissu graisseux,** réparti dans tout le sein. Plus il est abondant, plus le sein est gros. Il forme un petit coussinet à la partie inférieure du sein, lui donnant son galbe.*

*• **Enfin un tissu fibreux,** véritable soutien-gorge invisible : c'est le ligament suspenseur du sein. Il est formé par une extension du grand pectoral, ce muscle si développé chez les athlètes.*

L'autopalpation

Apprenez à examiner vos seins pour qu'ils vous deviennent familiers. Cela se nomme l'autopalpation. Vous pouvez vous examiner couchée à plat dos sur un lit, ou dans la baignoire, ou même debout en prenant votre douche si vos seins sont petits. Mieux vaut le faire après les règles si vos seins sont trop sensibles avant.

Explorez votre sein gauche avec la main droite et inversement. Pour bien sentir la consistance de votre sein, le mieux est de le palper, la paume de la main et les doigts bien à plat. Écrasez doucement la glande entre votre main et votre thorax en pratiquant de petits mouvements circulaires sur toute sa surface. Pour la partie inférieure du sein, levez le bras du côté que vous examinez. Pour sa partie supérieure, abaissez l'épaule en laissant tomber le bras.

Certaines femmes répugnent à l'autopalpation : elles ont peur de découvrir une grosseur, ou de passer à côté, et certaines n'aiment pas toucher leurs seins. Cela aurait été peut-être plus facile si on le leur avait appris quand elles étaient jeunes. L'autopalpation, c'est plus long à dire qu'à faire. Mais il n'est pas nécessaire de vérifier ses seins tous les jours ! Tous les deux ou trois mois, c'est bien suffisant.

? *Et quand les seins font mal ?*

Les seins, qui se nomment aussi « glandes mammaires », sont en effet des glandes, qui subissent les fluctuations hormonales du cycle menstruel. Ils peuvent grossir un peu avant les règles et même devenir douloureux.

La douleur des seins se nomme mastodynie. Le plus souvent, elle est due à un déséquilibre hormonal. Les femmes s'en plaignent plus que les très jeunes filles. Il arrive que la mastodynie soit d'origine psychologique.

→ *Lorsque Stéphanie a appris que sa mère avait un cancer du sein, elle a eu peur et s'est mise à avoir mal aux seins. Le médecin lui a expliqué que sa mastodynie était causée par son chagrin, qu'elle-même n'avait rien, qu'elle se faisait seulement du souci pour sa mère.*

Les exercices physiques qui sollicitent le muscle grand pectoral peuvent occasionner des douleurs au niveau des seins. En réalité, ce ne sont pas les seins qui font mal, c'est le muscle contracturé qui se situe juste en arrière. Enfin, les sous-vêtements qui compriment trop les seins peuvent les endolorir. La mastodynie n'est jamais un symptôme annonçant une maladie grave du sein.

Les organes génitaux

On distingue les organes génitaux externes et les organes génitaux internes. À la naissance, en regardant le sexe, on sait tout de suite que c'est une fille. La vulve et le vagin font partie des organes génitaux externes. L'utérus, les ovaires et les trompes font partie des organes génitaux internes.

Les organes génitaux sont les organes de la reproduction de l'espèce. Ils servent à l'accomplissement des rapports sexuels et au déroulement de la grossesse.

▸ L'appareil génital externe

Tout comme les seins, les organes génitaux externes, le sexe, la vulve se modifient à la puberté, puis tout au long de la vie.

La vulve

La vulve est la partie visible du sexe de la femme. Elle cache et protège le vagin. Elle est constituée par le mont de Vénus, qui se voit quand on est debout : il bombe au-dessus de l'os du pubis. C'est un triangle charnu recouvert de poils dont le dessin subit les variations des modes : en triangle, en rectangle, épilation complète. Les grandes lèvres sont en partie visibles chez la petite fille en position debout. À la puberté, elles s'horizontalisent, se couvrent de poils et ne se voient qu'en position couchée. Elles sont plus ou moins épaisses ou plus ou moins colorées. Il faut les écarter pour observer les petites lèvres, beaucoup plus fines, de texture différente et de forme plus irrégulière. Voir schéma p. 28.

? *Chez moi, les petites lèvres ne sont pas pareilles. Est-ce normal ?*

Oui. Elles ne sont pas symétriques et ont des formes variées, ce qui angoisse Véronique : « Mes petites lèvres dépassent beaucoup de mes grandes lèvres, est-ce que c'est normal ? » Oui. Elles débordent souvent des grandes lèvres qui les recouvrent.

Les petites lèvres n'ont pas de poils. En arrière, elles se perdent dans une zone appelée la fourchette, qui sépare la partie postérieure du vagin de l'orifice de l'anus. En avant, elles se rejoignent pour former le capuchon du clitoris, premier organe de la jouissance.

Dans sa partie non visible, la vulve possède deux petites glandes situées en arrière entre les petites lèvres et l'hymen, ce sont les glandes de Bartholin. Elles servent à lubrifier le vagin au moment du rapport sexuel. La vulve contient aussi des glandes sébacées et sudoripares.

L'hygiène

Une hygiène spéciale n'est pas nécessaire. La vulve se lave comme les autres parties du corps. Il suffit d'avoir de bonnes habitudes.

- *après les selles, s'essuyer d'avant en arrière pour ne pas transporter les germes intestinaux vers le vagin ;*
- *commencer par se laver les mains ;*
- *éviter les gants en éponge : ils ne sont jamais assez bien rincés et peuvent conserver des germes. D'une toilette à l'autre, ils risquent de vous réinfecter,*
- *se savonner la vulve à la main d'avant en arrière pour que les restes de selles ne risquent pas de souiller le vagin ;*
- *ne pas oublier de nettoyer les plis entre grandes et petites lèvres, là où s'accumule parfois un dépôt blanchâtre ;*
- *bien se rincer, se sécher soigneusement avec une serviette propre et personnelle.*

Dans ce domaine comme dans d'autres, le mieux est souvent l'ennemi du bien : il n'est pas bon de décaper sa vulve par des toilettes trop répétées ou en utilisant des produits agressifs.

→ *Blandine consulte pour des brûlures au niveau de la vulve. À l'examen, sa vulve apparaît un peu rouge, comme « frottée ». En fait, elle se lave plusieurs fois par jour avec des produits moussants détergents ou déodorants. Pour elle, ces zones sont « naturellement sales » et doivent donc être purifiées. Elle a du mal à croire le médecin lorsqu'il lui dit qu'en se lavant moins, elle ira mieux.*

On trouve dans les pharmacies et les parapharmacies une série de produits recommandés pour l'hygiène intime. Les laboratoires qui les fabriquent jouent sur ce sentiment d'impureté. Un savonnage quotidien suffit.

Quant aux lavages à l'intérieur du vagin, ils sont fortement déconseillés car ils déstabilisent l'écosystème du vagin. Ils peuvent détruire la flore vaginale, constituée par les défenseurs du vagin, les lactobacilles. Ainsi, le vagin se fragilise et se protège moins bien contre

...

les infections. La muqueuse d'un vagin sain est « autonettoyante » !

Certaines femmes, par hygiène, portent en permanence des protège-slips. Si leur vulve ne supporte pas le frottement constant et l'humidité qu'ils provoquent, elles risquent des irritations et des inflammations vulvaires. Si vous devez laver vos petites culottes dans un lavabo, prenez soin de les rincer abondamment pour qu'un reste de savon ou de lessive n'irrite pas votre vulve.

Les glandes sébacées sécrètent une substance odorante, le sébum, qui donne son odeur particulière à chacune des parties de notre corps. Les glandes sudoripares sécrètent la sueur, comme sous les bras, sur les aisselles. Chaque individu a son odeur personnelle. Comme les règles et les sécrétions venues du vagin s'écoulent par la vulve, on comprend qu'une bonne hygiène soit nécessaire.

Le clitoris

C'est lui que les petites filles découvrent très tôt en explorant leur corps. Même si elles ne savent pas son nom, elles savent jouer avec ce petit bourgeon pour se donner du plaisir. C'est la masturbation. Le clitoris est placé au-dessous de l'os du pubis, protégé par le repli des petites lèvres et caché sous son capuchon. Le clitoris est un organe érectile, c'est-à-dire qu'il augmente de volume lors du désir, de la caresse. Il est plus ou moins gros, plus ou moins visible. Sa sensibilité ne dépend en rien de sa taille.

L'hymen

Il se situe à l'intérieur des petites lèvres. C'est une membrane élastique qui borde l'orifice du vagin. Les hymens ne sont pas tous pareils. Certains ont la forme d'un anneau, on les dit circulaires ou annulaires ; d'autres sont dits semi-lunaires. Certains sont fins, d'autres plus épais. L'hymen ferme plus ou moins l'entrée du vagin. Dans des cas tout à fait exceptionnels, il obture complètement l'orifice vaginal, empêchant même le sang des règles de s'écouler. On appelle cela une imperforation hyménéale. Elle se guérit très simplement, par une petite incision chirurgicale sous anesthésie.

À l'examen gynécologique, le médecin peut-il voir si on est encore vierge ?

Généralement oui. Lors du premier rapport, les bords de l'hymen se rompent mais l'hymen ne disparaît pas. Il change simplement d'aspect. Il présente des bords moins réguliers, en forme de pétales. Mais parfois les hymens sont si fins, si souples et si élastiques que cela peut ne pas se voir. Ce n'est qu'à l'accouchement que certains hymens seront rompus.

LES DIFFÉRENTES FORMES D'HYMEN

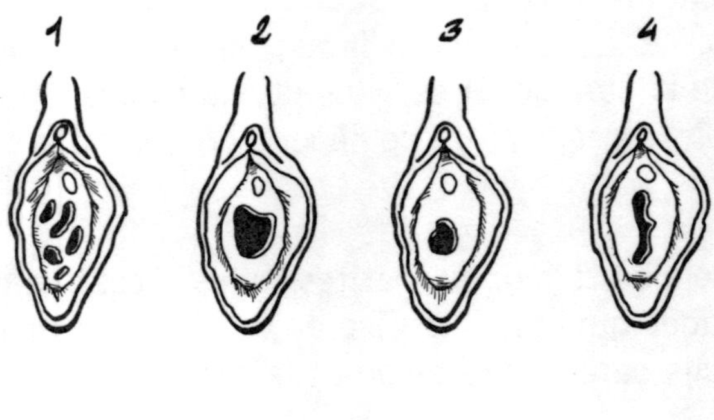

Le vagin

Tout comme la vulve, le vagin fait partie des organes génitaux externes. C'est un conduit musculo-membraneux, donc souple et élastique. En bas (voir schéma), se trouve l'orifice vulvaire, ou anneau vaginal. En haut, le vagin se termine par les culs-de-sac vaginaux, qui lui donnent de l'ampleur. Le vagin est plus large et plus profond dans sa partie supérieure. Entre les culs-de-sac, au fond du vagin, le col de l'utérus bombe comme un battant de cloche.

Le vagin est une cavité aplatie entre la vessie et l'urètre vers l'avant et le rectum vers l'arrière (le rectum, ou ampoule rectale, est la partie basse du gros intestin qui se termine à l'anus). L'intérieur du vagin possède une muqueuse qui produit les sécrétions vaginales, les pertes blanches. Comme il est très riche en terminaisons nerveuses, il est très sensible à la douleur comme à la jouissance. La sensibilité du vagin s'affine avec l'expérience sexuelle.

Lorsque vous voulez explorer votre vagin, votre doigt bute assez vite sur le col de l'utérus. Pourtant le vagin est profond autour du col, dans les culs-de-sac. Il mesure 6 à 8 cm en avant et 8 à 10 cm en arrière, le long du rectum. Il peut encore s'allonger au cours du rapport sexuel. La taille du vagin est indépendante de celle de l'orifice vaginal. Ses parois sont suffisamment souples pour permettre le passage du bébé dès que l'accouchement se met en route.

Le vagin est normalement lubrifié par les sécrétions de sa muqueuse et par la glaire du col. Il est humide tout le temps, plus ou moins comme l'intérieur de la bouche. Le désir sexuel augmente cette humidité naturelle par les sécrétions des glandes de Bartholin, (situées entre les petites lèvres et l'hymen) et des glandes de Skene (situées autour de l'orifice urinaire), ainsi que par une sorte de rosée lubrifiante produite par le vagin.

Les organes génitaux externes

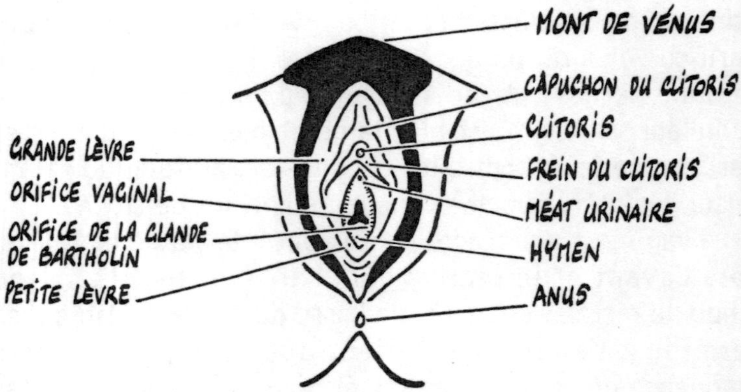

De haut en bas, ou d'avant en arrière (c'est la même chose), il y a trois orifices.

- ***L'orifice urinaire,*** *ou méat urinaire, ou méat urétral. Il est séparé du clitoris et de l'entrée du vagin par une zone appelée vestibule.*
- ***L'orifice vaginal.*** *Il est séparé de la région anale par une zone appelée fourchette. L'entrée du vagin est bordée par l'hymen.*
- ***L'orifice anal ou anus.***

Ces trois orifices peuvent être contractés ou relâchés volontairement car des muscles les entourent. On peut se retenir d'uriner, d'aller à la selle. Pour l'orifice vaginal, c'est la même chose : si vous le contractez, vous n'arrivez même pas à mettre un tampon ; si vous le relâchez, cela devient facile. Les muscles qui entourent ces orifices font partie d'un muscle puissant, le ***muscle pubococcygien,*** *qui va du pubis au coccyx. Ce « hamac » musculaire constitue le plancher pelvien. Il ferme le petit bassin et supporte le poids de tous les organes qu'il contient.*

Tout ce qu'il y a sur le schéma, vous pouvez le voir vous-même si vous en avez envie, en vous examinant avec un miroir. Regardez-vous, soit debout, un pied posé sur un tabouret, et penchée en avant, soit allongée, les jambes repliées comme une grenouille. Lorsque vous poussez, comme pour aller à la selle, l'hymen s'ouvre, un peu comme la corolle d'une fleur et vous voyez l'entrée du vagin.

? *C'est joli sur le dessin, mais chez moi, je trouve ça très laid.*

On nommait autrefois les organes génitaux externes, « parties honteuses ». Ce qui est honteux est souvent considéré comme laid. On nous apprend très tôt à ne pas les montrer, on nous inculque la pudeur. Contrairement aux garçons qui, à l'adolescence, aiment à comparer leurs sexes, les filles ont peu de moyens de comparaison ! Pourtant, comme votre nez ou vos seins, votre vulve a sa morphologie particulière.

L'appareil génital interne

Contrairement à l'appareil génital externe, vous ne pouvez pas le voir. Il comprend l'utérus, les trompes et les ovaires. La gynécologue l'explore au cours de l'examen gynécologique.

L'utérus

Il mesure environ 7 cm de haut, 4 cm de large, et 3 cm d'épaisseur. Petit chez l'adolescente, il est plus ou moins gros selon les femmes et selon le nombre d'enfants qu'elles ont portés. L'utérus accueille pendant neuf mois le futur bébé ; c'est sa fonction essentielle. Il est constitué extérieurement d'un muscle, le **myomètre**, qui se contracte au moment des règles. La muqueuse utérine, qui tapisse l'intérieur du myomètre, produit chaque mois les règles.

L'utérus peut être antéversé ou rétroversé, c'est-à-dire incliné en avant vers la vessie ou en arrière vers le rectum. Il a une certaine mobilité. Le mot rétroversion utérine inquiète parfois : ce n'est ni une maladie, ni une anomalie qui empêcherait d'avoir des enfants, ce terme désigne simplement la position de l'utérus.

LES ORGANES GÉNITAUX INTERNES

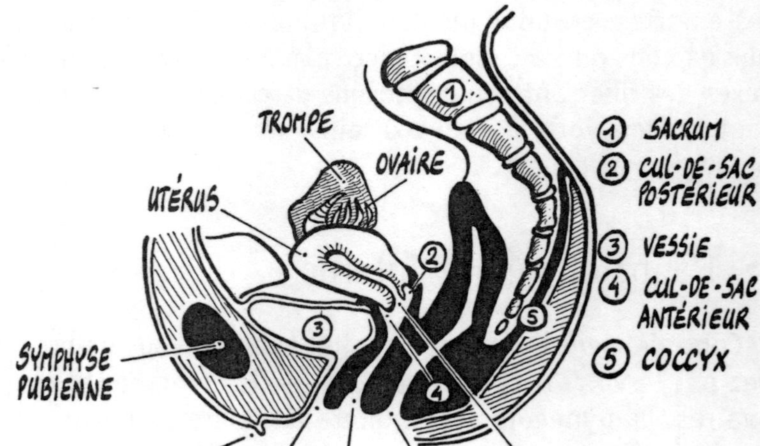

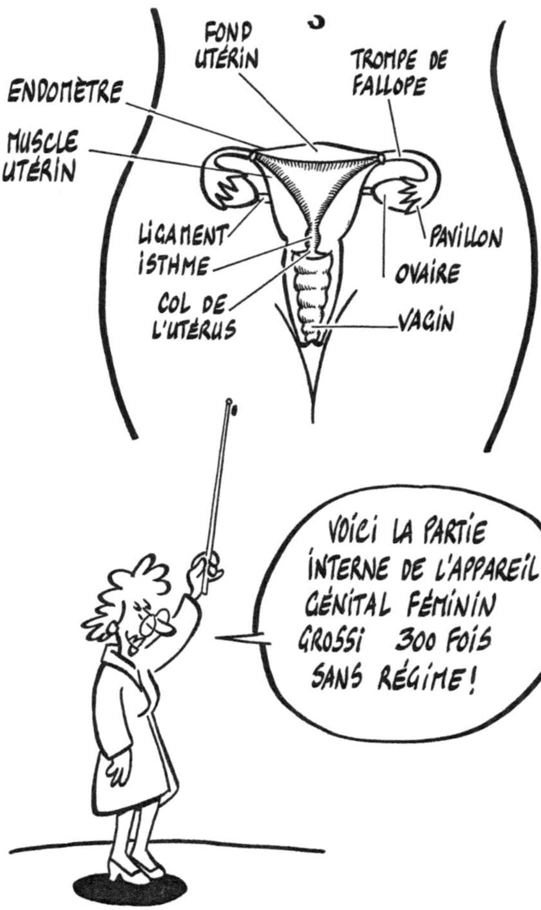

L'utérus comprend le **col utérin,** *en haut du vagin, et le* **corps utérin,** *situé dans la partie basse du ventre, appelée pelvis ou petit bassin. L'utérus a la forme d'une poire, dont la petite extrémité, en bas, est le col. De chaque côté de la partie supérieure, au niveau des « cornes », s'ouvrent deux petits orifices qui mettent l'utérus en communication avec les trompes.*

→ *Fanny vient en urgence pour une grosseur qu'elle a trouvée au fond du vagin : elle vient de découvrir qu'elle possède un col utérin.*

Les trompes

Les femmes ont deux trompes, mesurant chacune 10 à 12 cm de long. La trompe est un tuyau, long, fin, ondulant et mobile. Elle sort de l'utérus au niveau de sa corne, et s'ouvre comme la partie large d'une trompette jusqu'à la surface de l'ovaire. Fine comme un cheveu au départ de l'utérus, elle s'épanouit près de l'ovaire pour former le pavillon de la trompe, large de 7 à 8 mm. Son extrémité est frangée et, comme des algues dans la mer, ses franges bougent doucement et captent l'ovule pondu par l'ovaire.

Les ovaires

Ils ont la forme d'une amande dans sa coque. Ils mesurent à peu près 4 cm de long, 3 cm de large et 1 cm d'épaisseur. Si leur taille n'est pas très importante, leur fonction, comme nous allons le voir plus loin, est fondamentale.

Les changements qui ne se voient pas

Avec l'anatomie des organes génitaux, le décor est planté. Maintenant il va s'animer, se mettre à fonctionner. Quand ? À l'heure H, l'heure biologique commandée par le cerveau. Cette heure n'est pas la même pour chacune d'entre nous.

Les hormones s'activent. Avant de parler des règles, rythmées par le cycle menstruel, nous allons vous raconter ce qui est au cœur de la vie, l'ovulation, la fécondation, la nidation. Certaines d'entre vous l'apprennent dans leur programme de biologie ; d'autres, non. Quoi qu'il en soit, pour bien connaître son corps, cela vaut la peine de comprendre comment il marche. Vous pouvez aussi zapper ce passage et revenir à cet aspect plus tard.

Ce sont vos ovaires qui ont fait de vous une fille. Glandes sexuelles de la femme, les ovaires ont une double activité. D'une part, ils sécrètent des hormones. D'autre part, ils fabriquent chaque mois un ovule : c'est la ponte ovulaire, ou ovulation.

À la puberté, les sécrétions de l'ovaire, les hormones ovariennes, ont transformé votre corps, l'ont modelé et assurent votre fertilité.

▸ Les hormones

Ce sont des substances sécrétées par des glandes dites **endocrines**. Les quantités émises sont faibles, mais l'action des hormones est puissante. L'ovaire sécrète les hormones féminines, l'estradiol (œstrogènes) et la progestérone.

Les hormones ovariennes sont transportées par voie sanguine dans tout le corps vers des « organes cibles » – le sein, la peau, l'utérus, les veines, le cerveau, les os, etc. –, qui réagissent aux messages des hormones ovariennes.

Les œstrogènes sont les hormones de la féminité. Ils assurent le modelé du corps en développant les seins, en affinant la taille et en dessinant les hanches. Ils déterminent la qualité de la peau et de la chevelure. Ce sont les hormones du désir amoureux.

La progestérone est l'hormone qui permet d'être enceinte et de maintenir une grossesse. On l'appelait autrefois l'« hormone des mères de famille ».

Est-il est vrai que les filles ont aussi des hormones mâles ?

Oui : L'ovaire sécrète également de très petites quantités d'androgènes, nécessaires au développement de la vulve, de la pilosité sexuelle, et à la libido (désir sexuel).

Comment agissent les hormones ovariennes ?

Elles agissent en excitant ou en freinant les organes « cibles ».

Si, par exemple, il y a un peu trop d'hormones mâles dans le sang, la pilosité augmente, la peau devient grasse et on a de l'acné. S'il y a un peu trop d'œstrogènes ou pas assez de progestérone, les seins font mal.

L'ovaire, tout seul, ne peut pas produire ses hormones et pondre ses ovules. Il obéit aux ordres du cerveau. Le cerveau possède deux petites glandes, l'hypothalamus et l'hypophyse, qui sont responsables du cycle menstruel de la femme.

▸ Le cycle menstruel

Les cycles menstruels rythment la vie de la femme de la puberté à la ménopause, lorsque les règles cessent définitivement. Ils correspondent au nombre de jours qui s'écoulent entre le premier jour des règles et le premier jour des règles suivantes. Comme le cycle de la lune, le cycle menstruel est de 28 jours, mais il peut varier légèrement selon les femmes. Le cycle se divise en deux phases. La première phase du cycle précède l'ovulation, la deuxième phase du cycle dure

14 jours, de l'ovulation au premier jour des règles suivantes. En réalité, les variations sont nombreuses.

À l'intérieur de l'ovaire il existe des milliers de follicules, petites billes enchâssées contre sa coque. Chaque follicule sécrète des œstrogènes et contient un ovocyte. L'ovocyte grossit à l'intérieur du follicule. Dès qu'il arrive à maturité, il devient un ovule qui sort de l'ovaire, il est pondu. Une fois que l'ovule a été expulsé, le follicule change de nom et d'activité : il se transforme en « corps jaune » et produit de plus en plus de progestérone. En somme, le follicule est comme une petite glande qui fonctionne et sécrète ses hormones à l'intérieur d'une grosse glande, l'ovaire.

Comme toutes les autres glandes endocrines, l'ovaire fonctionne grâce à d'autres hormones, les stimulines, produites par **l'hypophyse**. Cette glande, située à la base du cerveau, lui envoie la FSH, l'hormone qui fait grandir les **follicules** à l'intérieur de l'ovaire. La FSH a aussi pour rôle de faire sécréter les œstrogènes qui font pousser la muqueuse utérine. L'hypophyse elle-même reçoit ses ordres d'une glande voisine plus petite qu'elle, l'hypothalamus. L'hypothalamus module les sécrétions de l'hypophyse par son hormone la LHRH (commande de la LH) et son fonctionnement dépend directement du cerveau.

Ainsi, pour que se produise une ovulation, le cerveau commande l'hypothalamus, qui commande l'hypophyse, qui commande l'ovaire. Mais l'ovaire n'est pas passif, il envoie des ordres au cerveau pour moduler les sécrétions hormonales. Cela se nomme le rétrocontrôle.

LE CYCLE FÉMININ

LES HORMONES COMMANDENT AUX OVAIRES...

↓

DE SECRÉTER D'AUTRES HORMONES...

↓

QUI FONT MÛRIR LE FOLLICULE JUSQU'À L'OVULATION

ET

LA MUQUEUSE DE L'UTÉRUS JUSQU'AUX RÈGLES.

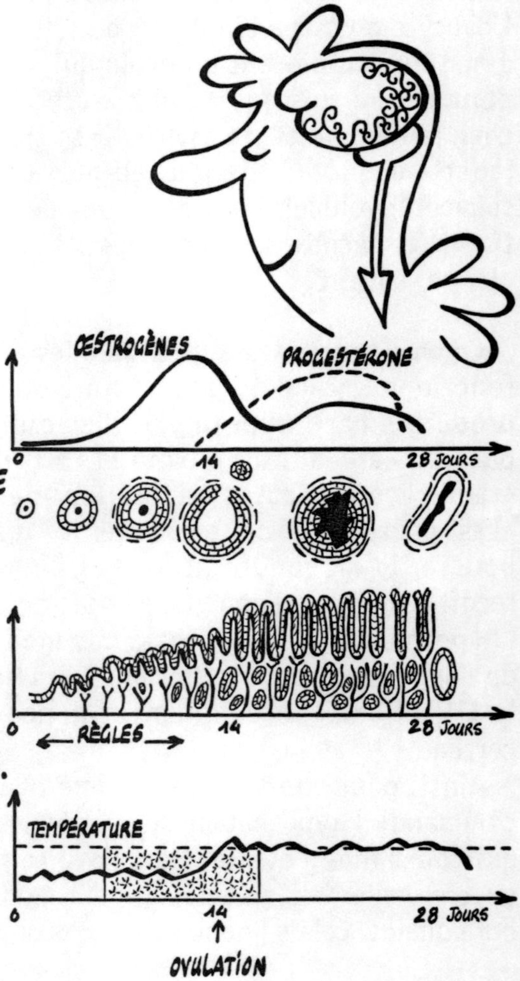

▸ L'ovulation

C'est la fonction essentielle de l'ovaire. Au quatorzième jour du cycle, l'hypophyse sécrète une deuxième hormone, la LH (stimuline de l'ovulation), qui permet successivement la ponte ovulaire puis la formation du « corps jaune », juste à l'endroit que l'ovule vient de quitter.

L'ovaire est une véritable usine qui sert au développement des follicules et, à l'intérieur des follicules, au mûrissement des ovocytes, futurs ovules (*voir p. 35*). Mais il gâche énormément de ces follicules. Quand vous n'étiez qu'un fœtus de quelques mois, bien au chaud dans l'utérus de votre mère, vos minuscules ovaires étaient bourrés de plusieurs millions de follicules. À la naissance, vous n'en aviez plus qu'un million et votre ovaire pesait 1 g.

Juste avant la puberté, il pèse 15 g et n'en possède plus que trois à quatre cent mille. Ils ont fonctionné depuis votre naissance dans leur tic-tac silencieux jusqu'à ce que la puberté les réveille en fanfare à l'heure biologique, programmée dans le cerveau. Au commandement de l'hypophyse et de sa FSH (stimuline de la croissance du follicule), dix à vingt de ces follicules mûrissent les uns après les autres en faisant de petites bosses à la surface de l'ovaire et sécrètent des œstrogènes.

Parmi tous ces follicules, il y a un élu : c'est le follicule dominant. Il mesure 6 mm au début du cycle et atteint 20 mm quand il est mûr. Ce follicule dominant est une véritable puce informatique, pleine de récepteurs captant la FSH, la LH, l'estradiol, et même les androgènes. Le follicule dominant est jaloux de son pouvoir, celui de pondre l'ovule. Il interdit aux autres ovules de se développer en même temps que lui. Il interdit à l'autre ovaire de fabriquer un follicule dominant. Après l'ovulation, il oblige tous les autres follicules de sa couvée à se sacrifier, à disparaître, et les transforme en follicules « atrésiques », c'est-à-dire inactifs.

Plus le follicule dominant grossit, plus il sécrète d'œstrogènes, plus il envoie de signaux à l'hypophyse, jusqu'au moment où, stimulé par la LH, il fait saillie à la surface de l'ovaire et se rompt. Comme le poussin brise sa coquille et sort de l'œuf, l'ovule est expulsé de son ovaire par le follicule rompu. C'est l'ovulation. À ce moment, l'ovule mesure 2 mm de diamètre.

Ce scénario recommence chaque mois, de la puberté à la ménopause.

Que devient le follicule dominant une fois qu'il expulse l'ovule ?

Pour lui, ce n'est pas terminé. Ses vaisseaux sanguins se multiplient et ses cellules grossissent. Ces cellules, riches en graisses, sécrètent de la progestérone, la seconde hormone du cycle, après l'ovulation. Elles remplissent complètement l'espace que l'ovule vient de quitter, transformant ainsi le follicule dominant en **corps jaune** à l'endroit même que l'ovule vient de quitter. Le corps jaune s'appelle ainsi parce qu'il est jaune vif ; il fabrique la progestérone, deuxième hormone de l'ovaire, sécrétée dans la seconde partie du cycle, dite phase lutéale. L'ovule ne devient un œuf que s'il est fécondé par un spermatozoïde. Le corps jaune stimule la muqueuse utérine pour qu'elle soit prête à accueillir un œuf qui voudrait s'y implanter. Celle-ci s'épaissit encore et sa vascularisation augmente (ses vaisseaux sanguins lui apportent plus de sang). Elle prépare un nid douillet pour recevoir l'œuf. Le moment où l'œuf se blottit dans l'utérus et s'y accroche se nomme la **nidation.**

Si l'ovule est fécondé, il y a grossesse. Le corps jaune fonctionne dans l'ovaire pendant environ trois mois, le temps que le futur bébé fasse son nid dans l'utérus de sa mère. Puis le relais est pris par le placenta, nouvel organe qui sécrète les hormones de la grossesse et permet au bébé d'être nourri et oxygéné. Le bébé est relié au placenta par le cordon ombilical.

Si l'ovule n'a pas été fécondé, le corps jaune fonctionne quatorze jours, pendant lesquels il sécrète toujours un peu d'œstrogènes mais surtout beaucoup de progestérone. Puis il cesse de sécréter, le taux des hormones chute et la muqueuse s'évacue. Ce sont les règles. Les règles, ou menstruations, viennent de l'utérus, ou plus exactement de la muqueuse qui le tapisse, et non pas de la chute de l'ovule quand il n'a pas été fécondé comme beaucoup le croient encore.

? *Mais que devient l'ovule, une fois qu'il a été pondu ?*

Il n'a pas le temps de se perdre. Il est tout de suite happé par le pavillon de la trompe. Les œstrogènes renforcent la musculature des trompes, la progestérone calme leur mouvement. Au moment de l'ovulation, les franges du pavillon se plaquent contre l'ovaire et aspirent littéralement l'ovule. Les cellules qui tapissent l'intérieur de la trompe servent à maintenir l'ovule intact et à le faire voyager lentement en direction de l'utérus.

La trompe ne sert pas seulement à conduire l'ovule. Pour les spermatozoïdes venus du vagin, en sens inverse, c'est la dernière ligne droite avant de rencontrer l'ovule. La trompe abrite l'union du spermatozoïde vainqueur et de l'ovule dans sa partie externe, plus près du pavillon que de l'orifice utérin. Enfin, elle pousse précautionneusement l'ovule fécondé – devenu un œuf – vers la cavité utérine.

Quand l'ovule pondu par l'ovaire n'a pas été fécondé par un spermatozoïde, il s'atrophie, se désagrège et est éliminé avec les sécrétions de l'utérus et du col au milieu du cycle.

La nature est généreuse

La femme peut faire des bébés pendant, au maximum, 35 ans de sa vie. Le calcul est donc simple : 1 ovule par mois pendant 35 ans, cela fait 35 × 12 mois = 420 ovules qui pourraient servir !

420 ovules pondus, cela représente à peu près le millième de ceux qui sont stockés dans les ovaires sous forme d'ovocytes.

Avec ces 420 ovules la femme française fait en moyenne 1,8 enfant, selon les dernières statistiques.

La fécondation

Tout d'abord, une définition : la fécondation est la fusion du spermatozoïde, cellule sexuelle masculine, avec l'ovule, cellule sexuelle féminine. Elle donne naissance à un œuf, le futur bébé, héritier des chromosomes maternels et paternels.

Maintenant, les acteurs.

L'ovule, fraîchement pondu, vous le connaissez déjà. En sortant de l'ovaire, il a eu de la chance. Il aurait pu se perdre dans les abîmes liquides du petit bassin, mais le pavillon de la trompe l'a goulûment aspiré, le sauvant d'une mort certaine. L'ovule est une grosse cellule qui mesure plus de 2 mm, la plus grosse de toutes les cellules du corps. À ce moment, il se laisse bercer par les mouvements de la trompe et ne va pas vite.

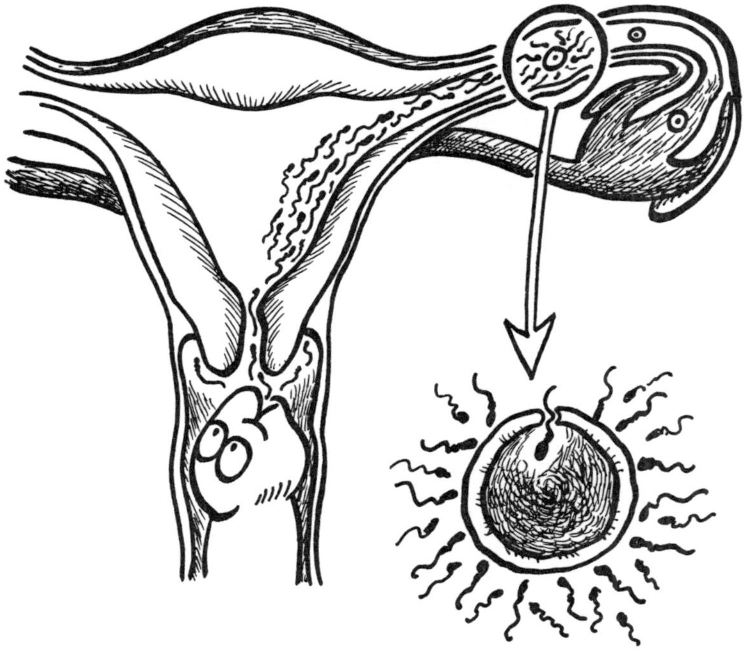

LA FÉCONDATION

Les spermatozoïdes, contenus dans le sperme de l'homme, sont de minuscules cellules de 50 microns, quarante fois plus petites que l'ovule. Chaque spermatozoïde comprend trois parties : une tête, un corps nommé pièce intermédiaire, et une longue queue appelée flagelle. La tête est presque entièrement occupée par le noyau de la cellule. La pièce intermédiaire lui fournit son énergie. Le flagelle lui permet de se déplacer.

Au cours du rapport sexuel, l'homme, en éjaculant, projette des centaines de millions de spermatozoïdes à l'intérieur du vagin. Mais l'acidité du vagin en détruit un grand nombre. Les plus malins se précipitent sur la glaire d'ovulation sécrétée par les glandes du col et s'y réfugient. La glaire est bonne pour eux : elle les nourrit et les aide à grimper vers l'ovule qui les attend. Comme de petits poissons frétillants, ils nagent à contre-courant à travers l'utérus et la trompe, parcourent une vingtaine de centimètres pour parvenir à l'ovule, cela en une demi-heure. C'est comme si vous aviez nagé 8 km ! Beaucoup n'y survivent pas. Quelques milliers seulement, les plus résistants, les plus chanceux, arrivent au rendez-vous près du pavillon de la trompe. Et là, au tiers externe de la trompe, c'est la rencontre.

Une horde de spermatozoïdes se plaque sur l'ovule, le dissimulant complètement en lui faisant un manteau. Leurs flagelles s'agitent si frénétiquement qu'ils entraînent la grosse cellule captive dans la danse. Un prétendant et un seul, le gagnant de la course, franchit la paroi, pénètre dans l'ovule, perd son flagelle et unit son noyau au noyau de l'ovule. L'ovule se referme alors et se contracte, se débarrassant de tous les autres spermatozoïdes. Les perdants sont chassés vers l'utérus et le vagin, ou détruits rapidement par les sécrétions de la trompe. C'est ainsi que débute chaque vie humaine.

Si l'ovule n'est pas fécondé, il se désagrège tout simplement dans le milieu liquide de la trompe et disparaît.

♀♂

Garçon ou fille ?

L'espèce humaine possède 46 chromosomes dans chacune des cellules de son corps, c'est-à-dire 23 paires de chromosomes. Parmi elles, 22 paires sont identiques. Elles se nomment « autosomes ». Une paire varie selon le sexe, ce sont les chromosomes sexuels. La paire de l'homme est constituée de deux chromosomes différents : un chromosome X et un chromosome Y. La paire de la femme est constituée de deux chromosomes X.

Avant de se rencontrer, l'ovule et le spermatozoïde subissent une réduction de chromosomes, passant de 46 chromosomes à 23. Cette division donne naissance à des spermatozoïdes porteurs d'un X ou d'un Y. Au moment de la fécondation, si le spermatozoïde fécondant porte un X, cela donne XX et c'est une fille. Si le spermatozoïde fécondant porte un Y, cela donne XY et c'est un garçon.

La « formule » de l'homme s'écrit 44 + XY, la formule de la femme 44 + XX. Le sexe du bébé ne dépend que du père. Il est déterminé dès la fécondation.

▸ Les règles

Les premières règles sont le grand événement de la puberté. Même si vous savez ce que sont les règles, même si des copines les ont eues avant vous, même si votre mère a mis des serviettes hygiéniques dans votre sac à dos quand vous partiez en vacances « au cas où », quand ça arrive, c'est un événement !

Les règles peuvent survenir à un mauvais moment. Elles peuvent tarder à venir, être irrégulières, douloureuses, hémorragiques, ou s'arrêter complètement. Certaines les annoncent fièrement, d'autres s'en cachent, redoutant les réflexions de la famille.

Quand une fille tarde à avoir ses règles alors que la plupart de ses copines sont déjà réglées, il se peut qu'elle se sente en retard pour son âge, exclue du clan de celles qui sont déjà devenues des « grandes ». Pourtant, dans la plupart des cas, si ses poils ont commencé à apparaître sur le pubis et ses seins à pousser, il n'y a pas de souci à se faire, il suffit d'attendre encore un peu.

? *À quel âge est-il normal d'avoir ses règles ?*

Disons que, en France, on a ses règles entre 12 et 13 ans. C'est une moyenne. Certaines filles les ont plus tôt ou plus tard sans que ce soit anormal. Au-dessous de 10 ans, les médecins parlent de puberté précoce et cherchent s'il existe des anomalies hormonales pour les traiter. Au-delà de 15-16 ans, les filles et les mères s'inquiètent : pourtant, c'est parfois ainsi dans certaines familles, chez des filles très grandes et minces. Il leur faut un peu plus de temps qu'aux autres pour se développer. Le pédiatre ou la gynécologue vérifie le stade pubertaire, la pilosité, les seins, l'état hormonal, et fait faire une échographie pelvienne.

L'échographie

L'échographie, ou sonogramme pelvien, permet de voir l'intérieur du ventre grâce à des ultrasons. Le médecin promène sur le ventre la sonde à ultrasons et capte les échos qu'elle renvoie sur un écran, comme sur un écran de télévision. Quand c'est possible, il introduit une petite sonde à l'intérieur du vagin pour compléter l'examen. Vous avez sûrement vu de belles images d'échographies de bébés dans l'utérus de leur mère. L'examen est indolore. On vous demande de boire de l'eau auparavant pour remplir votre vessie, qui, notamment pour ce qui concerne cet examen, renvoie les échos des ovaires. L'échographie permet d'apprécier la taille de l'ovaire et son contenu. C'est une aide précieuse pour les diagnostics gynécologiques.

L'échographie permet de s'assurer de l'existence de l'utérus et des ovaires. La croissance osseuse est mesurée au niveau des cartilages de conjugaison par des radios du poignet. Quand tout est normal, il suffit de patienter.

Parfois, des causes psychologiques retardent la venue des règles, comme le désir de rester une enfant, de ne pas devenir – déjà – une femme.

L'absence de règles se nomme **aménorrhée.** On parle d'aménorrhée primaire quand il n'y a jamais eu de règles auparavant, et d'aménorrhée secondaire quand les règles s'arrêtent.

Mes règles ne sont pas régulières. Est-ce inquiétant ?

C'est d'autant moins grave que c'est quasiment normal tout de suite après la puberté. Il faut souvent aux ovaires et aux hormones, commandées par le cerveau, un temps de rodage pour recevoir et envoyer leurs messages. Les ovaires sécrètent les œstrogènes depuis la prépuberté, mais ils ne sont pas encore capables de pondre un ovule et donc de fabriquer de la progestérone, deuxième hormone essentielle à la régularité des cycles menstruels et sécrétée dans la seconde phase du cycle. L'irrégularité des ovulations entraîne l'irrégularité des règles. Il faut attendre un à trois ans pour que la machinerie hormonale fonctionne à plein régime.

Les règles, que l'on appelait autrefois des menstrues (car elles se produisent tous les mois), se régularisent alors. Si cette période de mise en route se prolonge trop, il vaut mieux consulter. La gynécologue fait faire une prise de sang pour doser le taux des hormones (c'est un dosage hormonal) et une échographie pelvienne pour vérifier le fonctionnement ovarien.

On parle souvent de cycles irréguliers quand les règles ne surviennent pas exactement le 28e jour : 28 jours, c'est le calcul d'une moyenne qui peut comprendre des cycles de 25 et de 31 jours. La date des règles est déterminée par la date de l'ovulation, et la première phase du cycle peut être plus ou moins longue. Les règles surviennent 14 jours après l'ovulation. L'important, ce n'est pas la longueur du cycle, c'est d'avoir une ovulation. Elle ne se produit pas toujours tout de suite chez les filles très jeunes, car leurs ovaires n'ont pas encore atteint leur complète maturité.

? *Est-il possible d'avoir des règles sans ovulation ?*

C'est ce qui arrive en général au début. La muqueuse utérine s'épaissit sous l'action des œstrogènes pendant des jours et des jours. L'ovaire n'ovule pas, donc il n'y a pas de progestérone pour faire évoluer la muqueuse. De guerre lasse, elle s'élimine en saignant : ce sont des règles, mais sans ovulation.

? *Pourquoi certaines saignent-elles plus que d'autres ?*

La quantité de sang émise dépend de la taille de l'utérus. Plus l'utérus est gros, plus la surface de la muqueuse qui le tapisse est grande, plus le sang produit est abondant. Cela dépend également de l'épaisseur de la muqueuse utérine : une muqueuse plus épaisse produit des règles plus abondantes. Au moment où la muqueuse se décolle de l'utérus, les petits vaisseaux qu'elle contient se rompent : le sang des règles est donc constitué du sang des vaisseaux et des débris de la muqueuse utérine.

Mais il n'y a pas que des facteurs mécaniques. La muqueuse utérine est sous la dépendance des hormones féminines : les œstrogènes d'abord, qui la font pousser ; puis la progestérone, qui développe ses vaisseaux pour qu'elle accueille l'œuf en cas de fécondation. Selon la quantité respective de chacune de ces hormones, la muqueuse est plus ou moins épaisse, donc les règles sont plus ou moins fortes et plus ou moins longues. Comme les hormones sont sous la dépendance du cerveau, par contrecoup les règles se modifient lors des émotions, du stress ou d'une importante activité physique. Les règles durent en moyenne trois à sept jours. La quantité de sang évacué varie entre 50 et 200 ml (un à deux verres), ce qui est beaucoup moins que ce que l'on a tendance à imaginer.

? *En quoi le sang des règles est-il différent du sang d'une coupure ?*

C'est vrai, le sang des règles est plus foncé, plus épais, moins homogène que celui qui circule à l'intérieur des vaisseaux sanguins. Il ne se coagule pas comme le sang de l'intérieur du corps. Il n'a pas non plus la même odeur, car cette dernière se modifie à la sortie de l'utérus, au contact du vagin et de la vulve d'où il s'écoule. Le sang des règles n'est pas sale. Tout comme la transpiration, les règles sentent plus ou moins fort selon les femmes.

? *Qu'est-ce que je peux faire si l'odeur est trop forte ?*

Changer régulièrement ses protections externes ou internes, sa culotte, et se laver tout simplement. En un mot, avoir une bonne hygiène vulvaire, pendant et en dehors des règles.

Que vaut-il mieux utiliser pour les règles, des serviettes hygiéniques ou des tampons ?

C'est vraiment une question de choix personnel et d'adaptation à l'abondance des règles. Au début de la puberté, quand les règles sont peu abondantes et que le vagin est encore peu lubrifié, le mini-tampon ne s'imbibe pas complètement de sang. Le coton qui le compose peut alors irriter les parois du vagin. Le retrait et la remise d'un nouveau tampon risquent d'être désagréables.

Au début, il n'est pas toujours facile d'apprendre ce nouveau geste. Certaines filles se débrouillent seules en lisant la notice à l'intérieur de la boîte de tampons. D'autres interrogent leur mère, leur sœur ou une amie. Parfois c'est la gynéco qui leur explique comment faire, un mini-tampon à l'appui.

Les protections externes sont plus simples d'utilisation. Si les règles sont très légères, un protège-slip suffit. Pourtant, si vous êtes très sportive, notamment si vous nagez, vous pouvez avoir envie de mettre un mini-tampon. Plus tard, faites comme vous voulez, en sachant toutefois que, si la vulve est irritée, il vaut mieux mettre des protections internes pour éviter les frottements, et à l'inverse, si le vagin est trop sensible, il vaut mieux mettre des serviettes hygiéniques.

J'ai une copine qui n'arrive pas à mettre une protection interne. Pourquoi ?

En a-t-elle vraiment envie ou est-ce pour faire comme les copines ? La première fois, on a toujours un peu peur. Avant d'introduire un corps étranger dans son vagin, il est bon de découvrir comment on est faite, de se toucher, de trouver l'orifice vaginal et d'y mettre un doigt. Il faut pousser comme pour aller à la selle, afin que l'orifice s'ouvre davantage, et profiter de cette poussée pour introduire le tampon le plus profondément possible. Il ne peut jamais aller trop loin. Ce n'est que lorsqu'il arrive dans la partie la plus profonde et la plus large du vagin qu'on ne le sent plus. Au contraire, un tampon insuffisamment enfoncé n'est pas supportable car il frotte sur l'anneau musculaire du vagin, situé à 2 cm de l'orifice.

Dans les premiers temps, il vaut mieux ne pas garder le tampon trop longtemps car il augmente de volume en s'imbibant du sang des règles et son retrait risque d'être désagréable. Pour retirer le tampon, tirez sur le fil que vous avez laissé dépasser à l'extérieur et aidez-vous en poussant à nouveau. La position la plus commode est la position accroupie ou debout, le pied sur un tabouret.

Si votre amie n'y arrive pas, elle a peut-être un hymen qui ne se laisse pas distendre. Mais peut-être n'est elle pas prête à apprivoiser cette partie d'elle-même qui lui fait peur. Ce n'est pas une question d'âge mais de maturité psychologique. Suggérez-lui de voir une gynécologue.

? *Quand on met des protections internes, est-ce qu'on est toujours vierge ?*

Tout dépend de l'idée qu'on a de la virginité : est-ce ne pas avoir eu de rapports sexuels, ou tout simplement avoir un hymen intact ? L'introduction du tampon ne rompt pas l'hymen. Quand on l'introduit, il est petit ; quand on le retire, il est imbibé de sang et a plus que doublé de volume. L'hymen s'assouplit de mois en mois, mais ne rompt pas.

Dans les familles pour lesquelles l'hymen est sacré, la jeune fille doit arriver intacte au mariage. Le saignement après le premier rapport est considéré comme une preuve de virginité. Or, il se peut que l'hymen ait été très assoupli par l'usage du tampon et que sa rupture ne provoque pas de saignement. Pour éviter un drame, ces jeunes filles ont intérêt à ne pas mettre de protection interne.

La virginité

Une fille est vierge tant qu'elle n'a pas connu d'homme au sens biblique du terme, c'est-à-dire tant qu'elle n'a pas été déflorée par pénétration sexuelle vaginale. Dans ***défloration****, il y a le mot fleur. Autrefois, perdre sa fleur signifiait perdre sa virginité.*

Historiquement, l'intégrité de l'hymen garantissait à l'époux que l'enfant qui naîtrait de son union serait bien le sien. Il n'y a pas si longtemps, en France, au lendemain de la nuit de noces, l'exposition du drap nuptial maculé de sang prouvait que la fille était vierge et que son mari l'avait déflorée. La virginité de la fille était porteuse de l'honneur de la famille. Cela reste intact dans certaines cultures et religions. La virginité a ainsi une valeur symbolique.

L'évolution des mœurs, avec la mixité, la contraception, a changé la donne. Il n'en reste pas moins que, pour certaines jeunes filles, un hymen intact garde tout son prix. Pour d'autres, être encore vierge est ressenti comme un handicap. Encore faut-il savoir si cette idée est la sienne ou si elle lui est imposée par son entourage de copains. Le mieux est de se dire : « Mon premier rapport si je veux, quand je veux, et pas pour faire comme les autres. »

Quelle que soit la valeur qu'une fille accorde à son hymen, celui que la nature lui a accordé est variable du point de vue anatomique. Ces différences morphologiques expliquent qu'il n'est pas toujours évident d'affirmer qu'une fille est vierge ou non.

À chacune d'agir selon ses convictions.

Lors du premier rapport sexuel, les bords de l'hymen se déchirent mais l'hymen ne disparaît pas. Il change simplement d'aspect. Il présente des bords plus ou moins réguliers, en forme de pétales.

Les modifications visibles

En même temps que les seins se développent et que l'appareil génital se transforme, l'aspect physique change aussi. On continue à grandir, mais moins qu'avant la puberté. On prend du poids et de la force. Les gestes peuvent se faire plus maladroits. Il faut un peu de temps pour habiter confortablement ce nouveau corps qui cherche sa place dans l'espace. Tous ces changements sont visibles. La silhouette se dessine. L'apparence physique prend beaucoup d'importance et l'image que renvoie le miroir n'est pas toujours celle qu'on souhaite. Trop de rondeurs ici, pas assez là...

Quand des boutons d'acné fleurissent sur le visage, quand la pilosité semble excessive, quand la cellulite capitonne les cuisses, quand des vergetures apparaissent avec les kilos en trop... est-ce la faute aux hormones ?

▸ La peau

Tout comme l'appareil génital, la peau est sous la dépendance des sécrétions hormonales. Elle est riche en récepteurs hormonaux.

Votre peau vous protège et vous sépare du monde extérieur. Elle a grandi avec vous. C'est un organe vivant qui capte les sensations venues du dehors et qui laisse passer les sécrétions produites à l'intérieur, notamment la sueur.

La peau

La peau comprend trois couches :

• ***Une couche profonde**, l'hypoderme, constituée de graisse. Plus la couche est épaisse, plus on est gros. L'hypoderme permet à la peau de glisser sur les surfaces qu'il recouvre quand on bouge. Sa réserve de graisse permet à l'organisme d'y puiser selon ses besoins.*

• ***Une couche intermédiaire**, le derme, tissu fibreux qui structure la peau. Le derme contient de nombreuses terminaisons nerveuses qui rendent la peau sensible au froid, au chaud, à la douleur, mais aussi aux caresses. Le derme possède des vaisseaux sanguins, des glandes sudoripares qui sécrètent la sueur et des glandes sébacées qui sécrètent du sébum, à la racine de chaque poil.*

• ***Une couche externe,** l'épiderme. Les cellules de l'extérieur se renouvellent régulièrement. On dit que la peau desquame. Cela se voit quand on a des pellicules du cuir chevelu ou quand la peau a été brûlée par le soleil : on pèle. Dans la profondeur de l'épiderme, les cellules fabriquent une substance, la mélanine, qui pigmente la peau et détermine sa couleur. Plus il y a de mélanine, plus la peau est brune ; quand il n'y en a pas, on est albinos. Entre les deux, la couleur de la peau est blanche, jaune, rouge ou noire.*

Bien avant la puberté, la peau commence à se transformer. Les œstrogènes sécrétés par l'ovaire affinent l'épiderme. C'est pour cette raison que la peau des filles est plus fine, plus fragile, mais aussi plus douce que celle des garçons. Les œstrogènes répartissent le tissu graisseux de l'hypoderme. Ainsi le corps de la fille acquiert un modelé, des courbes, en même temps que se dessinent ses seins.

Les boutons

Les imperfections de la peau, notamment les points noirs, l'acné et une pilosité excessive sont dues soit à un mauvais équilibre entre hormones féminines et hormones masculines, soit à une augmentation des sécrétions androgéniques (c'est le moins fréquent), soit à la peau elle-même, qui est incapable de réguler les hormones.

Les glandes sébacées sécrètent trop de sébum, ce qui rend la peau grasse, luisante, et dilate les pores. C'est la séborrhée du visage. Quand le pore se bouche, le sébum reste enfermé et forme un comédon, c'est-à-dire un point noir. Ce point noir est un bouchon de sébum dont l'extrémité s'est oxydée et a noirci à l'air. Si des bactéries pénètrent dans le comédon par le pore dilaté, elles l'infectent. C'est ainsi que se forment les boutons d'acné. La séborrhée touche également le cuir chevelu. Les cheveux deviennent ternes et gras. Il n'est pas dangereux de les laver souvent avec un shampooing doux.

Ces disgrâces se guérissent par des traitements hormonaux à action anti-hormones mâles. Certaines pilules sont efficaces dans ces cas-là.

Les vergetures

Tout comme celle des seins (voir p. 17), les vergetures peuvent marquer la peau des cuisses, des hanches, des fesses au début de la puberté. Ne vous en inquiétez pas trop, en moins d'un an les vergetures deviennent blanc nacré et presque invisibles.

? *Que peut-on faire pour avoir une plus belle peau ?*

Une peau saine n'est pas fragile, mais elle mérite un minimum de soins. Il faut la protéger du froid, du vent, de la pollution par une crème, les plus chères n'étant pas forcément les meilleures. Le visage doit être démaquillé avant le coucher pour que les pores respirent pendant la nuit. Le soleil brûle les peaux claires et peut laisser une pigmentation qui met parfois longtemps à disparaître. Les crèmes écrans solaires peuvent prévenir ces effets. Les peaux acnéiques méritent une consultation chez le dermatologue. N'oubliez pas non plus que le tabac, en plus des graves dangers qu'il représente pour la santé, abîme le teint et jaunit les dents.

▸ Les poils

La pilosité dépend à la fois de l'ovaire et d'une petite glande située au-dessus du rein, la corticosurrénale. Ovaire et corticosurrénale sécrètent des hormones mâles ou androgènes. Les androgènes font pousser les poils du système pileux génital : la toison pubienne et des aisselles.

La pilosité des bras et des jambes dépend des sécrétions de la corticosurrénale et non de celles de l'ovaire : elle apparaît bien avant la puberté. Un duvet au-dessus de la bouche, quelques poils fins autour de l'aréole désolent parfois des filles très brunes. Il ne faut surtout pas les raser, ils repousseraient plus drus. Il vaut mieux les décolorer avec des crèmes spéciales qu'on trouve en pharmacie, ou les faire épiler avec soin.

→ *Marie, une patiente de 16 ans dit : « Pour les seins, d'accord ! Mais, avoir trop de poils, c'est la barbe... »*

Est-ce la faute aux hormones ?

Oui pour l'acné et l'hyperpilosité. Oui et non pour les vergetures, qui dépendent à la fois de la poussée hormonale et de la prise de poids. Non pour les prises de poids importantes. Dans la plupart des cas, ces disgrâces vont disparaître comme par enchantement, sans rien faire. Le temps tout seul va parfaire votre équilibre hormonal.

▸ Les odeurs

Les androgènes développent aussi les glandes sudoripares des aisselles, des petites lèvres, de la région anale, du nombril et des mamelons. Cette sueur odorante, différente de la sueur du reste du corps, donne à chacune son odeur particulière plus ou moins marquée, tout comme le cuir chevelu a son propre parfum. Alors que nos ancêtres n'en étaient pas gênés et même savaient apprécier cette « odeur de femme », nos contemporains sont devenus très délicats en matière d'odeurs corporelles. Une hygiène corporelle quotidienne et l'usage d'un déodorant pour les aisselles suffisent généralement à ne pas incommoder l'entourage.

Le poids

Les bouleversements hormonaux de la puberté modifient la répartition des graisses sur le corps des adolescents. Le tissu adipeux, la graisse, est sous la dépendance des œstrogènes, qui modèlent les hanches, les fesses et les cuisses dès la puberté. Une petite couche de graisse est nécessaire au bon équilibre hormonal et à l'ovulation.

Les changements hormonaux modifient aussi le comportement alimentaire. C'est le temps des fringales, des repas pris à la sauvette ou carrément sautés. Et, quand on a faim, on mange n'importe quoi, friandises ou sandwiches, frites et hot dogs, boissons sucrées. Le régime étant moins équilibré, quelques kilos superflus risquent de s'installer. Les formes s'accentuent et la cellulite, cette ennemie redoutée, peut se nicher au niveau des cuisses : quand on en pince la peau, elle prend un aspect de peau d'orange.

Les modifications du corps sont plus ou moins spectaculaires : certains garçons prennent 20 cm en quelques mois ! Chez les filles, ces modifications sont en général plus progressives. Cependant, beaucoup d'adolescentes n'y sont pas prêtes. Elles sont gênées physiquement et moralement par leur taille et leurs nouvelles « formes ». Chacune réagit à sa façon. Certaines se privent de nourriture pour ne pas quitter leur corps d'enfant, d'autres se tiennent mal, se courbent en avant et rentrent les épaules pour tenter de cacher le nouveau relief de leur poitrine, d'autres encore s'enveloppent de vêtements amples pour les mêmes raisons. Quelques jeunes filles prennent du poids rapidement, comme si elles avaient besoin de s'abriter derrière des kilos superflus.

Sous ces attitudes défensives, la souffrance circule, car c'est une période l'où on a à la fois très peur et très envie d'éprouver ses nouvelles capacités de séduction.

Comme elles ne peuvent maîtriser les changements qui les perturbent, les jeunes filles essaient de dominer leur corps par un nouveau comportement alimentaire.

Certains comportements alimentaires sont dangereux. La nourriture n'est pas seulement une nécessité vitale, c'est un plaisir qu'on se donne. Il est important de reconnaître ce plaisir, et il est dommage d'en faire un cauchemar.

La dictature de la minceur

Tous ces bouleversements corporels surviennent dans un monde où la dictature de la minceur s'étale partout. L'obsession du poids est devenue un phénomène de société. Les jeunes en pleine mutation n'y échappent pas, ils y sont même particulièrement vulnérables. Le matraquage médiatique trouve un large écho chez les jeunes qui ont du mal à intégrer leur nouvelle image. Il peut rendre encore plus difficile leur recherche d'identité.

À force de se priver de certains aliments « défendus » par le régime, on en arrive à dévorer n'importe quoi, n'importe quand et en grande quantité, pour se consoler des frustrations qu'on s'impose. Alors on a honte de soi, on se culpabilise, ce qui pousse à manger davantage.

Les régimes en question

Attention à ces régimes farfelus qui promettent de perdre beaucoup de kilos en peu de temps. Ils sont généralement dangereux car ils vous mettent en état de carence, c'est-à-dire qu'ils vous privent des éléments nutritifs indispensables à votre santé. Et, dès que vous reprenez une alimentation normale, vous regagnez les kilos perdus plus quelques autres, c'est ce qu'on appelle les régimes « yoyo ».

Il en existe de toutes sortes, aussi fantaisistes les uns que les autres : œufs durs et eau plate toute la journée, gruyère et porto à la place d'un repas, fromage blanc maigre et ananas, soupes exclusivement pendant des semaines, substituts de repas ou sachets de protéines et rien d'autre... Tous ces régimes ont enrichi leurs auteurs en jouant sur la crédulité et surtout sur la santé des femmes.

Quand on aime vraiment un aliment, il ne faut pas le supprimer mais en manger en petites quantités, pour le plaisir.

La nourriture, c'est aussi dans la tête ?

La relation à la nourriture n'est pas simple pour beaucoup d'entre nous. Elle s'est créée dès le premier contact du bébé avec sa mère, elle s'est construite à travers elle. La nourriture peut devenir le symbole de l'amour ou du non-

Une bonne hygiène alimentaire consiste

• À diminuer la quantité des graisses et du sucre que l'on absorbe.

• À réduire un peu les portions sans se resservir.

• À ne pas se priver des aliments riches en protéines, en calcium, en vitamines.

• À ne pas sauter de repas (trois ou quatre par jour).

• À ne pas manger en dehors des repas. D'ailleurs, ce que l'on prend en dehors des repas, ce sont généralement des aliments mauvais pour la ligne : barres chocolatées, bonbons, boissons sucrées, glaces, etc. Tous sont constitués de sucres, nommés glucides, contiennent peu de protéines reconstituantes et sont très caloriques sous un petit volume.

• À privilégier le petit déjeuner.

• À équilibrer la quantité de protéines, de sucres et de graisses (lipides).

• À manger des légumes peu caloriques qui remplissent l'estomac.

amour. Le plaisir de la nourriture peut se substituer à d'autres plaisirs qu'on est incapable de s'octroyer par peur de soi ou des autres. De plus, on a tendance à être gros ou maigre selon son héritage génétique et selon les habitudes alimentaires familiales.

? *Est-ce que les hormones peuvent faire grossir ?*

L'obésité peut être due à des troubles hormonaux de la thyroïde, de la glande surrénale et de l'hypophyse que l'on dépiste et guérit. Mais c'est plus rare qu'on ne le croit : dans la majorité des cas c'est une suralimentation qui cause la prise de poids. Commence alors la souffrance d'être grosse, plus grosse, de décider de s'arrêter de trop manger le lendemain et de craquer devant le premier gâteau, de « résister à tout, sauf à la tentation »... Certaines ont ainsi ce qu'on appelle des crises d'hyperphagie, c'est-à-dire où elles mangent trop, qui alternent avec des périodes de régime. Cela provoque un surpoids permanent, mais avec des fluctuations très fréquentes. Ces variations perpétuelles entraînent une dépendance à la nourriture encore plus grande. D'autres se suralimentent en permanence. Et comme les obèses ont des besoins énergétiques supérieurs, car tout kilo demande à être nourri, c'est un cycle infernal. Ce trouble du comportement alimentaire appelé « hyperphagie incontrôlée » touche autant les hommes que les femmes. Chose importante, dans ces cas-là, on ne se fait pas vomir, contrairement à la boulimie (voir ci-dessous).

Cette insatisfaction permanente entraîne un état dépressif. Quelques entretiens de psychothérapie aident à dénouer cette relation compliquée avec la nourriture dans laquelle toute la famille est impliquée.

Le sucre trompeur

Le sucre stimule l'insuline, hormone sécrétée par le pancréas. Le pancréas sert à réguler le taux de sucre dans l'organisme, ce que l'on nomme la glycémie. Le fait d'avoir trop de sucre dans le sang provoque une hyperglycémie, qui peut conduire au diabète. Le fait de ne pas en avoir assez entraîne une hypoglycémie, qui s'accompagne d'une intense sensation de faim pouvant aboutir au malaise. Si on mange trop de sucres, on augmente les quantités d'insuline dans le sang. On a alors faim rapidement et on remange des nourritures sucrées pour calmer son appétit. À la longue, on risque de détraquer l'équilibre du pancréas.

▸ La boulimie

Si les écarts de poids sont plutôt anodins à cet âge, la boulimie ne l'est pas. Elle exprime un grand malaise. Elle n'est pas si rare à l'adolescence : 4 à 10 % des filles qui fréquentent l'école en seraient atteintes, les garçons beaucoup plus rarement.

En rentrant à la maison, ces filles sont capables de vider le réfrigérateur sans pouvoir se contrôler, jusqu'à atteindre un état de trop-plein allant jusqu'au malaise physique. Cela se nomme la boulimie. Une fois qu'elle s'est « remplie » à ras bord, la jeune fille boulimique n'a plus qu'une idée, se vider. C'est ce qui fait la différence avec l'hyperphagique. Elle prend des laxatifs et se fait vomir pour annuler le surplus de calories qui la ferait grossir. Ceci se fait en cachette : certaines déploient des ruses de Sioux pour assouvir cette pulsion plusieurs fois par jour. Se remplir et se vider permet une certaine stabilité du poids. Cette compulsion et les contraintes de dissimulation qu'elle impose rendent la jeune fille tellement honteuse et culpabilisée que son comportement s'en ressent : elle est solitaire et a du mal à établir ou conserver une relation sentimentale.

Le diagnostic de la boulimie est souvent établi par les dentistes : les vomissements entraînent des rougeurs autour de la bouche, des irritations des gencives et abîment les dents.

Des études faites sur des groupes de boulimiques montrent que l'origine de ce trouble du comportement alimentaire est d'ordre psychologique. À l'adolescence, il y a souvent conflit entre le besoin d'indépendance et la peur de la séparation avec les parents. Ceci peut être source d'angoisses très vives. La boulimie serait une maladie de la dépendance, comme peuvent l'être l'alcool, le tabac, la drogue. Les boulimiques vivent en permanence dans l'auto-accusation, la culpabilité, et peuvent connaître des périodes de dépression et de désespoir allant jusqu'à des tentatives de suicide.

Pour sortir de ce cycle irrépressible, de cet enfermement, il faut en parler. À des amis, des éducateurs, psychologues scolaires et si possible à un médecin. Cela aidera à trouver les causes de ce comportement à l'égard de la nourriture et orientera vers une prise en charge spécialisée.

▸ L'anorexie

Alors que les boulimiques parviennent à dissimuler longtemps leurs dangereuses habitudes, celles qui maigrissent à vue d'œil attirent l'attention, encore qu'elles arrivent parfois à masquer la fonte de leur silhouette en se rembourrant avec plusieurs épaisseurs de pulls.

Le refus de manger pour perdre du poids se nomme anorexie. Une adolescente sur cent est anorexique, l'âge moyen se situe entre 15 et 18 ans.

Contrairement à la honte et à la culpabilité de la boulimique, l'anorexique éprouve un sentiment de triomphe sur soi et sur les autres. Il est faux de croire qu'elle n'a pas faim. Même si elle le paie très cher, son plaisir est justement de résister à son désir, de dominer sa faim donc de maîtriser son corps.

Contrairement aux boulimiques, les anorexiques ne sont pas conscientes de leur souffrance psychologique alors qu'elles sont en grand danger.

L'obsession de perdre des kilos...

Cela commence par le désir de perdre quelques kilos, soit spontanément, soit à cause d'une réflexion qui a fait très mal. Perdre du poids devient une obsession. La famille peut s'apercevoir de l'amaigrissement avec un certain retard car, sous différents prétextes, la jeune fille ne prend plus ses repas à la table familiale. En général le travail scolaire est bon, il est doublé ou triplé par des activités sportives épuisantes. L'hyperactivité physique est un des signes de l'anorexie. Elle est toujours justifiée par la nécessité affirmée de s'occuper de son corps, alors que justement ces filles désirent ne plus s'encombrer de ce corps qui occupe tant de place. Elles veulent maîtriser leur corps, c'est-à-dire l'empêcher de se féminiser. C'est ce mécanisme psychologique qui, d'abord, supprime les règles.

Ensuite, l'aménorrhée est entretenue par le grand amaigrissement. Paradoxalement, l'absence des règles inquiète la mère plus que la perte de poids et une consultation de gynécologie s'ensuit. Au cours de cette consultation, le médecin peut repérer assez facilement l'existence d'un conflit dans la famille, le plus souvent entre la mère et la fille. Même si les problèmes ne sont pas apparents, il existe des décalages entre ce qui est dit par l'une et par l'autre. L'adolescente affirme que tout va très bien et qu'elle ne comprend pas qu'on fasse si grand cas de ses règles, qui par ailleurs ont très peu d'intérêt pour elle.

La gynéco propose de revoir la jeune fille seule. Dans certains cas, quelques consultations et entretiens portant sur le fonctionnement ovarien et sur les conflits éventuels peuvent suffire à desserrer le lien entre le refus de voir son corps changer et ses douloureux problèmes d'identification et d'autonomisation vis-à-vis de la mère. Après quelques consultations, le médecin conseille une psychothérapie. Les règles ne reviennent que quand le poids est rétabli et que la jeune fille veut bien les accepter. Cette forme d'anorexie passagère est assez fréquente.

... qui peut virer à l'anorexie mentale

Mais parfois la situation s'aggrave inexorablement et la perte de poids peut atteindre 15 à 20 kg (passage de 55 à 40 par exemple). Il s'agit de ce qu'on appelle l'**anorexie mentale.**

Vous avez certainement rencontré des jeunes filles emmitouflées dans plusieurs couches de vêtements, ayant l'air frigorifié et d'une maigreur effrayante. L'amaigrissement s'accompagne de troubles circulatoires, (les jambes, les pieds et les mains deviennent violacés), d'une augmentation de la pilosité, d'une sécheresse visible de la peau, d'une grande frilosité. La diminution du transit intestinal et la prise régulière de laxatifs peuvent entraîner des phénomènes très graves de déshydratation avec troubles cardiaques et respiratoires.

Certaines ont des comportements qui font peur : alors qu'elle ne se nourrit pas, l'une travaille le soir dans un McDo, l'autre va boire 5 litres d'eau avant d'être pesée chez le médecin.

Cette maladie témoigne de graves conflits psychologiques. L'anorexique entame un bras de fer avec son corps de femme qu'elle nie. Le désir de ne pas changer, la complexité de sa relation avec sa mère peuvent la mener très loin. Il ne s'agit pas seulement d'un conflit actuel, c'est la relation précoce de l'enfant avec sa mère qui est en cause. L'anorexie mentale nécessite une prise en charge psychologique de la jeune fille, et souvent aussi de sa famille. Les membres de la famille ont besoin d'être aidés pour supporter les conséquences dramatiques de cette maladie, et à se dégager de la dictature que leur fille s'impose et leur impose. Prise dans son extrême souffrance, l'anorexique exerce une manipulation plus ou moins consciente de tous les siens. Grâce à cette prise en charge, la majorité des adolescentes s'en sortent. Une hospitalisation est souvent nécessaire. Mais, dans des cas rarissimes, aujourd'hui encore certaines peuvent en mourir.

Bons plans et bonnes adresses

- ***Fil Santé Jeunes*** *0 800 235 236.*
- ***Le Gefab*** *(Groupe d'études français de l'anorexie et de la boulimie, association à but non lucratif créée en 1983) propose une permanence téléphonique assurée par des anorexiques et des boulimiques guéries et supervisées par une psychologue. Tél. : 01 45 43 44 75.*

Entre ces extrêmes, boulimie et anorexie, la grande majorité des adolescentes s'alimentent selon leur faim, sans se priver et sans trop d'excès. « Il faut manger pour vivre et non pas vivre pour manger. »

Avec la nourriture, on apporte au corps les calories nécessaires à son fonctionnement. L'activité physique permet de brûler les calories excédentaires. On a donc intérêt à bouger pour garder un bon équilibre entre les apports alimentaires et les dépenses caloriques.

Bref, vive le sport.

Le sport

Il faut trouver celui qui vous plaît. Le sport stimule les endorphines, « substances du bonheur » sécrétées par le cerveau. Il permet de brûler les calories et il développe les muscles au détriment de la graisse corporelle. Il procure du plaisir et une certaine satisfaction de soi. C'est une bonne façon de s'occuper de son corps et de l'aimer.

Mais il ne faut pas en abuser. La femme a besoin d'un équilibre entre masse musculaire et tissu graisseux. Les joggeuses acharnées, les athlètes de haut niveau dont le rapport muscles sur graisse est trop élevé voient leur fonctionnement ovarien perturbé, n'ovulent plus et n'ont plus de règles. Les jeunes danseuses de l'Opéra qu'on oblige à maigrir pour passer un concours sont en aménorrhée tant qu'elles n'ont pas repris leur poids. Chacune a un poids au-dessous duquel l'ovaire refuse de fonctionner.

Tous les sports sont bons : la natation, la marche, le vélo demandent peu d'investissement. La gymnastique, la danse, l'athlétisme, le tennis, tous les sports d'équipe peuvent être pratiqués raisonnablement, à condition qu'ils fassent plaisir. L'important c'est de bouger. C'est bon pour le poids, l'effort physique brûle les calories qu'on a absorbées en trop. C'est bon pour le cœur, les vaisseaux, les poumons, les muscles, la peau et même les os. C'est à l'adolescence qu'on constitue son capital osseux pour l'âge adulte. En effet, l'activité physique permet au calcium de se fixer dans les os et les rend solides.

Les changements psychologiques de l'adolescence

Devant la métamorphose de son corps d'enfant en un corps de femme, l'adolescente éprouve des sentiments mêlés : étrangeté, peur et fierté, excitation et trouble. Elle ressent souvent une grande fatigue, qui en même temps inquiète et agace ses parents. Elle reste des heures à rêvasser sur son lit, puis se lève et disparaît. Son humeur est variable, elle passe des accès de gaieté et de fou rire à des périodes d'abattement. Elle n'est pas contente d'elle, elle essaie de modifier son look, se néglige ou essaie des maquillages.

▸ La relation avec les autres change

Tout cela modifie sa relation avec les autres, notamment avec ses parents : elle ne les voit plus comme avant et ne se laisse plus regarder par eux de la même façon, ce qui les étonne et les chagrine. Maintenant qu'elle a des seins, des fesses, les contacts la dérangent. Les manifestations de tendresse physique qu'elle recherchait auparavant lui deviennent déplaisantes, et parfois elle a même un mouvement de recul quand ses parents veulent l'embrasser. Elle se dérobe, elle prend de la distance, elle change.

> → *Sophie, qui avait si bon caractère, est devenue fantasque. Elle s'enferme des heures dans la salle de bains et emprunte les vastes pulls de son père pour se dissimuler dedans. En prenant de la distance, elle commence à juger ses parents. Elle met leur résistance à l'épreuve tout en espérant des preuves d'amour. Elle réplique, elle discute, elle critique.*

L'adolescente veut que sa personnalité, sa liberté soient reconnues. Ses nouveaux modèles sont à présent extérieurs à la famille et son désir d'indépendance prend de nombreux aspects. Elle provoque ses parents en ne les prévenant ni de ses retards ni de ses absences. Elle n'accepte plus d'être surveillée dans son travail, ses sorties, ses fréquentations. Elle a besoin d'affirmer sa différence. Si ses parents sont non croyants, la voilà qui affiche une appartenance religieuse. À l'inverse, elle peut dénigrer son éducation religieuse et tout faire pour choquer.

Muette à la maison, elle passe des heures entières en bavardages et confidences au téléphone. Elle se met à fumer alors que depuis toujours elle expliquait aux adultes qu'il fallait cesser de s'empoisonner. Le tabagisme est d'ailleurs plus fréquent chez les filles, semble-t-il.

Elle s'attache à un groupe dont elle adopte les codes, passant ainsi de la dépendance familiale à la dépendance au groupe.

Même si l'atmosphère de la maison est souvent tendue, même si le bruit et la fureur y sont présents, le drame n'est pas permanent. Les parents se rappellent qu'ils sont passés par là, et surtout qu'ils en sont sortis. Ils peuvent subir la mauvaise humeur de leur enfant sans se sentir attaqués, et savent même l'apaiser... à condition que ça ne dure pas trop longtemps.

▸ La prise de risque peut être très « risquée »

Il est plus difficile pour les parents de tenir la barre quand ils voient leur enfant se mettre en danger, jouer à éprouver son corps, ses capacités de résistance, ses limites : ne pas manger, ne pas dormir. Il arrive que, dans les soirées en bande, elle se mette à boire pour connaître des sensations nouvelles, et la voilà en situation à risques. Un cran de plus, un coup de déprime, une rencontre, et c'est le premier contact avec l'herbe, le haschisch, etc. Dans ces soirées où circulent toutes sortes de substances, elle risque d'être victime de violences sexuelles.

Les adolescents en révolte ont tendance à se mettre en danger : les garçons prennent des risques physiques, les filles les prennent plutôt sur le terrain de la sexualité. Malheureusement, si cela se passe mal, le fait d'avoir été victimes les rend plus vulnérables encore. C'est ainsi qu'une fille qui a été agressée peut devenir la victime désignée si elle ne change pas de milieu. Face à certains risques : courage, fuyons !

Les enfants ont besoin que leurs parents soient solides, ne démissionnent pas même quand ils les poussent à bout. Cela reste possible quand le couple parental non seulement existe, mais ne se voile pas la face. C'est plus difficile dans les familles désunies ou monoparentales, si nombreuses aujourd'hui. Quand la mère est seule pour affronter ces situations, l'intervention d'un tiers (enseignant, éducateur) peut aider à sortir du schéma provocation, sanction, qui fait monter les enchères.

L'adolescence est une rude période de changements et pour l'adolescente et pour les parents. Ces derniers ont beau le savoir, l'idée qu'ils vont y échapper a la vie dure. Et même quand on le sait, il faut pouvoir encaisser. Cependant, quand les ados ne ruent pas dans les brancards, on peut se demander s'ils ne souffrent pas d'inhibitions qui pèseront sur leur vie d'adulte. Certains feront leur crise plus tard, à une période où on s'y attend beaucoup moins.

« Jamais contente »

Il est rare d'échapper aux petites imperfections qui accompagnent la poussée hormonale de l'adolescence. Et il est rare de bien les supporter. Au contraire, on a tendance à se polariser dessus, car on se regarde souvent dans le miroir pour se rassurer, s'inquiéter. On peut toujours dire aux adolescentes que la beauté parfaite est exceptionnelle, parfois même encombrante. Seul le temps leur per-

mettra de s'aimer suffisamment pour pouvoir s'accepter. Chacune peut plaire et être aimée telle qu'elle est. S'accepter, c'est être bonne pour soi-même : prendre soin de son corps, le nourrir correctement, lui donner ses heures de sommeil. C'est essayer de trouver son équilibre personnel entre études et loisirs, entre vie affective et vie sociale. C'est ne plus se renfermer sur ses problèmes, aller vers les autres, donner et recevoir.

S'aimer suffisamment permet de sentir ce qui n'est pas bon pour soi et de ne pas se laisser influencer par les autres quand ils ont des comportements à risques, comme le tabac, l'alcool, la drogue. Si on a peur de céder, il faut avoir le courage de changer de bande, il faut en parler à quelqu'un en qui on a confiance. Il y a des médecins, des centres spécialisés pour adolescents en difficulté qu'on peut appeler par téléphone ou qu'on peut consulter. Résister, c'est se faire respecter en somme.

Bons plans et bonnes adresses

• *Dans les* ***centres de planning familial****, les consultations médicales sont gratuites et confidentielles ; elles ne nécessitent aucune autorisation parentale. Pour avoir l'adresse du centre de planning le plus proche de son domicile (DOM-TOM compris), s'adresser au Mouvement français pour le planning familial : 4, square Saint-Irénée, 75011 Paris, 01 48 07 29 10.*

• ***Le Fil Santé Jeunes*** *0 800 235 236 est un numéro vert national mis en place par l'École des parents sous l'égide du ministère de la Santé. Ce service anonyme et gratuit fonctionne tous les jours, même le dimanche, de 8 heures à minuit. Il propose écoute, soutien, information et orientation pour toutes les petites inquiétudes de la vie quotidienne et les problèmes de santé ou de sexualité.*

• ***RESO*** *est un autre numéro vert gratuit. Derrière le 0 800 232 600, une équipe de 25 bénévoles et trois médecins permanents se* *relaient pour écouter et orienter si nécessaire vers une consultation gratuite (médecin, dentiste, infirmier, kinésithérapeute, etc.). Ce numéro est accessible du lundi au vendredi, toute l'année, de 9 heures à 20 heures.*

- *Depuis peu, il est possible de consulter sur Internet le premier site santé dédié aux jeunes* ***www.tasante.com****. Des rubriques sur la puberté, les sentiments, le sexe, la contraception, la drogue, le bien-être. Possibilité de discuter de sa santé dans des forums avec des spécialistes ou dans des chats (discussions en direct).*
- *Également sur Internet, drclic.com, un service très complet de 10 000 pages, (****www.drclic.com****) permet devant tout symptôme de savoir quoi faire, qui appeler, dans quel délai, et de connaître sa gravité. L'encyclopédie explique toutes les pratiques sexuelles, la puberté, la première fois, les problèmes de peau et de cheveux avec leurs solutions, les drogues, MST-sida... On peut se tester (peau, sexualité...) et surtout, en tout anonymat, poser ses questions intimes ou dérangeantes à des médecins en direct ou en différé. Sondages et forums disent où en sont les autres ados dans leur découverte de l'adolescence.*

Chapitre 2

L'éveil de la sexualité

Le corps qui se transforme, les hormones complices éveillent les sens. L'adolescente découvre le besoin d'aimer. Les garçons l'attirent, elle voudrait vivre un grand amour. Parfois son visage reste flou, d'autres fois il se précise : elle pense à tel copain ou bien à un acteur, un champion, une personnalité séduisante qu'elle pare de toutes les qualités.

Elle commence à aiguiser les armes de sa séduction. Elle la vérifie souvent dans les miroirs, tantôt satisfaite et tantôt désespérée par l'image que ces derniers lui renvoient. Elle voudrait ressembler à cette actrice si belle

qu'elle a vue jouer ou encore à la copine de classe qui a tant de succès. Alors elle essaie des maquillages, des coiffures, elle veut plaire. Elle rougit souvent mais ses yeux brillent. Elle est prête pour l'amour.

Des lunettes déformantes

Quand on se regarde dans la glace, on ne se voit jamais comme les autres nous voient. Eux voient les expressions, le mouvement, la vie qui s'exprime, nous ne voyons que nos défauts comme avec une loupe. On fait l'inventaire de tout ce qui ne va pas et forcément, on n'est pas canon. Même celles qui se rapprochent le plus des critères de la mode se trouvent des défauts et ne voient que ça. Les garçons ne sont pas obsédés par les défauts des filles, et la plupart d'entre eux ne cherchent pas chez leurs copines ce qui les rapprocherait d'une photo de mode figée. Ils aiment les filles vivantes, et les rondeurs féminines, les seins et fesses, alors que les filles parlent de bourrelets et de culotte de cheval ! On nage en plein malentendus !

L'attirance physique, la sexualité, le désir de reproduction appartiennent à tout le règne animal. C'est l'aboutissement normal de la période pubertaire. Cette pulsion vers l'autre se nomme libido. Selon les époques, les pays, les religions, les familles, le désir sexuel des femmes a été nié ou réprimé.

La relation avec les parents

Il est fréquent que des parents qui s'entendent bien avec leurs enfants, qui « communiquent », apprennent brutalement que leur fille a une vie amoureuse dont ils ne savaient rien. C'est une chose parfois difficile à admettre. Les liens avec les parents se sont tissés depuis l'enfance.

Au moment de l'adolescence, il y a des changements. Les enfants remettent en question l'autorité des parents. De leur côté, les parents, si libéraux soient-ils, ont du mal à accepter que leur petite fille devienne une femme. Pour certains, la sexualité de leurs adolescents paraît toujours trop précoce. Ces mutations les ramènent à leur propre jeunesse, au temps qui a passé : cela peut leur donner un coup de vieux.

▸ Chacun son jardin secret

Il faut en finir avec l'idée que les enfants devraient aborder leur vie sexuelle avec les parents. Les parents ne parlent habituellement pas de la leur avec leurs enfants, à chacun son jardin secret. Il est plus facile de parler avec eux de problèmes généraux que de problèmes intimes.

Il y a des parents qui acceptent que leur enfant ait une histoire amoureuse et sexuelle, à condition qu'ils soient informés de tout. Il y a des mères qui procurent la pilule à leur fille avant même que celle-ci leur en ait parlé. Parfois les filles réagissent violemment à cette intrusion dans leur vie intime, car elles se sentent humiliées et vivent très mal le fait que leur mère ait un tel regard sur leur sexualité. Certaines, par défi ou par dépit, n'utiliseront pas cette contraception forcée, ce qui peut amener à des prises de risques.

Certains parents sont rassurés par une relation amoureuse régulière de leur enfant : il/elle ne fera pas de bêtises, il/elle organise sa vie pour travailler tout en étant amoureux. D'autres sont préoccupés par l'installation dans

une vie de couple, qui plus est sous leur toit, quand des années d'études sont prévues.

D'autres encore ressentent une certaine inquiétude quand à 17-18-19 ans leurs enfants ne montrent aucun signe visible de « maladie d'amour », comme disent les chansons. On s'alarme généralement plus pour un garçon que pour une fille. Quand il ne se passe rien, certains parents se demandent si leur enfant n'est pas homosexuel. Quand c'est le cas, ils sont souvent d'ailleurs les derniers à comprendre.

▸ Pouvoir en parler

Dans les consultations de gynécologie, les mères nous font souvent part de leurs difficultés à parler librement de sexualité avec leur fille. Certaines voudraient nous les envoyer. Elles nous demandent de les informer, de les protéger, parfois de leur faire peur. Il y a des filles qui se sentent particulièrement en confiance avec la gynécologue de leur mère, pour lesquelles cela va de soi : « Puisqu'elle vient chez vous, qu'elle a confiance en vous, c'est normal que je vienne vous voir », nous disent-elles.

Pour d'autres, il est capital que la gynéco soit totalement en dehors du circuit maternel. Elles ont besoin d'un espace à elles, qu'elles n'aient pas à partager. Ces attitudes sont tout à fait compréhensibles et acceptables. Elles ne témoignent pas forcément d'une bonne ou moins bonne relation entre mère et fille. Elles montrent simplement que, pour une mère, reconnaître une femme dans sa fille et, pour une fille, reconnaître une femme dans sa mère ne va pas de soi.

Avec la gynéco, qui est à distance et dans le secret médical, il peut être plus facile de parler. À condition d'y être invitée et prête. Bien souvent, lorsqu'on vient pour une contraception, c'est bien de sexualité qu'il s'agit. Et s'il n'est question que de technique contraceptive on est parfois déçue, même si on n'est pas encore prête à se livrer.

La sexualité se construit depuis la toute petite enfance. Le bébé a besoin des soins, des caresses, du regard de sa mère pour développer sa sensualité ; la petite fille a besoin de se voir fille dans les yeux de son père, que celui-ci la reconnaisse comme féminine. Il lui faut ensuite apprendre à connaître, aimer et respecter son corps. Elle peut alors désirer et accepter le corps de l'autre.

Le corps de l'autre, le garçon

Dès la petite enfance, les filles remarquent que les garçons sont différents d'elles aussi bien physiquement que dans leur comportement. À l'adolescence, c'est encore plus visible.

Les femmes ont des ovaires qui pondent des ovocytes et sécrètent les hormones féminines. Les organes de la reproduction chez l'homme sont les **testicules,** qui fabriquent les spermatozoïdes et sécrètent une hormone mâle, la **testostérone.** Ils sécrètent également des œstrogènes, mais en très petite quantité, tout comme les ovaires sécrètent très peu de testostérone.

À la puberté, la testostérone dessine le corps des garçons. Leur musculature est plus apparente, leur cage thoracique plus développée, leur pilosité se répartit autrement, leur voix devient plus grave, elle mue. Leur comportement change aussi. La testostérone leur procure plus d'agressivité physique et des besoins de satisfaction sexuelle plus impérieux. Leur sexe est visible. Au réveil, il se manifeste souvent par une érection. Il occupe une grande place dans leur vie et dans leur imaginaire.

De nombreux garçons s'inquiètent de la taille de leur **pénis** et de ses performances. Le pénis, ou verge, est un organe à dimensions variables. Son extrémité est constituée par le gland. La peau du gland est douce, fine, d'une

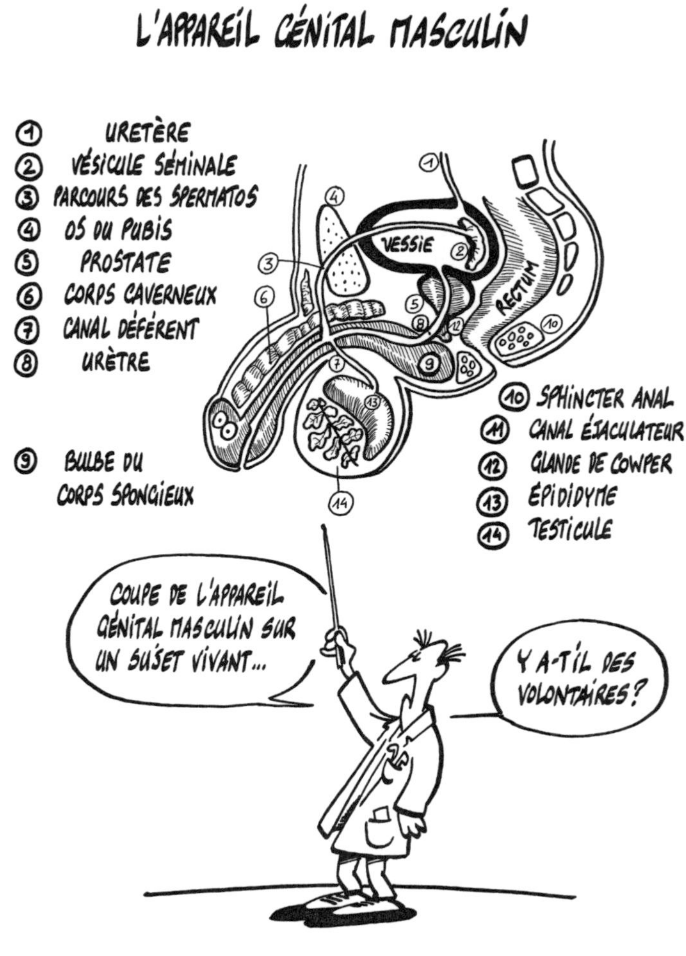

extrême sensibilité. L'orifice urinaire s'ouvre en son centre. Le gland est recouvert par un repli de peau souple et lâche, le prépuce. Dans certaines religions, on pratique une circoncision, le prépuce est excisé et ne recouvre plus le gland. La circoncision peut également être pratiquée pour des raisons médicales, quand le prépuce est trop serré.

Le pénis contient des organes érectiles, les **corps caverneux et spongieux,** qui se gorgent de sang lors de l'excitation sexuelle. C'est grâce à eux que le pénis s'allonge, grossit, devient dur et se redresse vers l'abdomen. Cela se nomme l'érection. L'érection masculine peut se produire en dehors de toute activité sexuelle, par le seul jeu de l'imagination, des fantasmes. Chez les filles, l'excitation sexuelle naît de la même façon.

Chez les filles, comme chez les garçons, le fonctionnement des organes génitaux est sous la dépendance du cerveau. Pourtant, l'érection est indépendante de la volonté. La tension qu'elle provoque est soulagée par l'éjaculation, émission de sperme qui supprime l'érection et détend la verge. La masturbation est une pratique plus fréquente chez les garçons que chez les filles. Le plaisir chez eux est essentiellement localisé au niveau des organes sexuels, même s'ils avouent qu'ils adorent les caresses quand ils sont en confiance.

Le corps de la femme est plus riche en zones dites érogènes, zones sensibles à l'excitation érotique. La recherche du plaisir sexuel est commune aux deux sexes. Elle est enrichie par le sentiment amoureux, par l'amour, avec ses bonheurs et ses peines. Plus que les garçons, les filles ont besoin de sentiment pour s'autoriser les plaisirs de l'amour.

♂♀

Qu'est-ce qui t'attire surtout chez une fille/chez un garçon ?

Côté garçons

La beauté : 89 %
La gentillesse : 72 %
La confiance : 54 %
L'intelligence : 49 %
Pouvoir parler ensemble : 48 %
L'humour : 44 %
La façon de s'habiller : 33 %
L'originalité : 26 %
Qu'elle ait les mêmes idées que moi : 17 %

Côté filles

La gentillesse : 83 %
La confiance : 74 %
L'humour : 69 %
La beauté : 63 %
Pouvoir parler ensemble : 63 %
L'intelligence : 34 %
La façon de s'habiller : 33 %
L'originalité : 29 %
Qu'il ait les mêmes idées que moi : 16 %

Source : sondage réalisé par l'Institut ABC+ pour L'Express *et* Science & Vie Junior *sur 618 jeunes de 13 à 18 ans en novembre 2000.*

Les premières approches

On se plaît d'abord avec les yeux. On est troublée par les premiers regards. On se sent choisi(e) et parfois déjà on promet. Cela peut commencer par un baiser, et le premier baiser amoureux peut surprendre.

Dès la naissance, la bouche est la première source de plaisirs pour le bébé. Appliquée sur le mamelon de la mère ou la tétine du biberon, elle lui permet de se nourrir, de survivre. Le plaisir de téter, de sucer, de lécher est immédiat.

L'enfant apprend à rendre les baisers qu'on lui fait. En grandissant, il découvre la sensibilité de ses lèvres, la caresse que leur procurent certains contacts. Il déteste embrasser certaines personnes à cause de leur peau ou de leur odeur – le nez est si près de la bouche ! – ou simplement parce qu'il ne les aime pas. Le baiser est une marque d'affection, même si, chez nous, l'on s'embrasse pour se dire bonjour ou bonsoir.

Le baiser amoureux, c'est autre chose. C'est le premier contact avec l'intérieur du corps de l'autre. C'est la première pénétration de l'intérieur de la bouche. On découvre sa langue, son goût, son odeur, les salives se mêlent. Même si l'on est amoureuse, cela peut dégoûter la première fois. Mais le baiser amoureux est capable d'inonder d'un désir qui fait durcir les seins et envoie au sexe des sensations voluptueuses.

Quand on est amoureuse, on désire être le plus souvent avec l'autre, le plus près possible. On se blottit, on se serre contre lui, on se chuchote des confidences à l'oreille, on se caresse, on s'embrasse, on oublie le reste du monde.

Le premier baiser

Selon une enquête récente, le premier baiser se donne en moyenne autour de 14 ans. Les premiers rapports sexuels commencent autour de 17 ans chez les filles, un peu plus tôt chez les garçons, et dans 60 % des cas pendant les vacances.

Source : « Les comportements sexuels des jeunes de 15 à 18 ans », enquête de l'Agence nationale de recherche sur le sida, ACSJ, avril 1995.

L'adolescence est le temps des baisers et des caresses, c'est le temps des histoires d'amour passagères, des jeux de séduction. Beaucoup de jeunes filles jouent à être amoureuses et passent d'un garçon à l'autre : c'est une forme d'apprentissage des sensations et des sentiments.

Certaines poussent le flirt plus loin. Elles offrent leurs seins à regarder, à caresser, à embrasser. Les seins féminins sont des organes érogènes. Le plaisir fait gonfler les seins, durcit le mamelon et le rend plus sensible encore. Même si l'on n'aime pas ses seins, ils sont une source de plaisir pour les deux amoureux. Les sensations voluptueuses peuvent atteindre les zones génitales.

Vient le moment où une jeune fille est amoureuse pour de bon. Le cœur et le corps l'expriment clairement. Le désir ne se contente plus des caresses à travers les vêtements, il se fait plus pressant.

Le premier rapport

Les caresses, l'étreinte des corps peau contre peau, les baisers, les mots qu'on se dit attisent le désir sexuel, l'excitation du sexe. Chez l'homme, la verge se met en érection. Chez la femme, la vulve se modifie et s'humidifie, le clitoris sort un peu de son capuchon et se redresse. Le clitoris est rempli de nerfs sensitifs nommés « corpuscules de la volupté ». C'est la zone la plus érogène du corps féminin.

Moins de 50 % des filles de 15 à 18 ans disent connaître le plaisir de la masturbation. Sans doute beaucoup ont-elles oublié les plaisirs de leur petite enfance. Quant à celles qui connaissent la jouissance, elles l'attendent maintenant de leur amoureux. Le clitoris est hypersensible. Des caresses immédiatement localisées, brutales ou mécaniques lui procurent plus de douleur que de plaisir et stoppent toute excitation. Ce starter de la jouissance a besoin d'être approché avec délicatesse. Les caresses, les baisers de la vulve et de la face interne des cuisses, une stimulation rythmée le préparent à l'orgasme. Cet orgasme clitoridien est le premier à apparaître. Il peut, ou non, s'accompagner de sensations vaginales. Au début de la vie sexuelle, il n'y en a pas beaucoup.

Petit à petit, les sensations vives et voluptueuses du clitoris envoient des prolongements dans le vagin. C'est loin d'être le cas général, et cette dominante des sensations clitoridiennes n'a rien à voir avec la frigidité. Il y a des femmes qui ont assez vite d'intenses sensations vaginales dont le siège n'est pas toujours net. La paroi antérieure du vagin, qui longe le canal urinaire, semble la zone la plus fréquemment citée. Certains sexologues ont essayé d'y trouver le « point G ». Chacune a ses points A, B, C, ou D, ses un peu, beaucoup, passionnément ou pas du tout. Ce qui est important, c'est que cet alphabet amoureux ne soit pas parasité par des idées toutes faites, en particulier par celles de certains hommes sur ce qu'une femme doit ressentir et sur l'endroit où elle doit le ressentir.

L'orgasme n'est pas seulement l'aboutissement d'un plaisir croissant, c'est la sensation soudaine d'une vague de plaisir maximale, suivie d'une détente de tout le corps. C'est le soulagement de la tension des organes sexuels après leur excitation. L'orgasme se décrit difficilement, il s'éprouve. On se demande parfois si oui ou non on a eu un orgasme, *a fortiori* si les descriptions qu'on a pu en lire ne correspondent pas à ce qu'on ressent. Quand on l'éprouve, on sait qu'il est là. Il peut même arriver sans contact, dans les rêves ou par imagination érotique.

Il n'est pas le même pour chaque femme, il dépend de sa personnalité, de l'ambiance, du partenaire, de l'abandon qu'elle s'autorise et même des circonstances. Il peut ne pas se produire à chaque rencontre. Il peut ne pas se produire du tout. Pour le garçon, l'orgasme est un phénomène plus mécanique et plus constant, qui survient au moment de l'éjaculation. Les jeux de l'amour ne se limitent pas à la masturbation mutuelle et, chez le garçon aussi, le reste du corps peut être réceptif aux caresses. Les jeux de l'amour s'enrichissent de la connaissance de ce qui fait plaisir à l'autre et de ce qui fait plaisir à soi-même. Il ne faut pas proposer ou accepter ce qui déplaît ou ce qui fait mal.

L'acte sexuel en quatre temps

L'acte sexuel entre un homme et une femme se déroule en quatre phases successives.

La phase d'excitation

Le sang afflue dans les organes génitaux de l'homme et de la femme, qui se modifient et deviennent anatomiquement aptes au coït.

La phase de tension ou de plateau

C'est le temps de la copulation et de la recherche du plaisir. Elle dure plus ou moins longtemps et prépare à l'orgasme.

L'ACTE D'AMOUR

La phase de l'orgasme

Pour l'homme, elle coïncide généralement avec l'éjaculation, émission du sperme en trois à huit saccades procurant chacune un plaisir intense. Son orgasme est généralement plus brusque, plus violent, plus court et plus localisé que celui de la femme. Chez cette dernière, des contractions involontaires partent du clitoris et atteignent par vagues la partie basse du vagin, l'utérus, la région anale. Tout le corps y participe. Le nombre des contractions est de trois à quinze environ. L'orgasme dure quelques secondes. Il fait défaut lorsque le plaisir s'est arrêté à une des phases précédentes.

La phase de détente ou de résolution

Les organes sexuels se décongestionnent et reprennent leur forme initiale. Le clitoris retrouve son volume et sa position en dix à vingt secondes, l'utérus, le vagin et les lèvres en une demi-heure environ. S'il n'y a pas eu d'orgasme, le temps de détente est plus long.

De la crainte au plaisir

Rares sont les filles qui n'ont pas peur lors de la première pénétration. Le mot défloration à lui seul fait surgir dans l'imaginaire l'idée du sang, de la déchirure, de la douleur. Les garçons aussi sont anxieux au moment de pénétrer une fille pour la première fois. Ils craignent de ne pas savoir s'y prendre, de ne pas être à la hauteur ou de faire mal.

Même si le sexe en érection semble trop gros pour pénétrer, l'excitation sexuelle provoquée par les caresses et le sentiment amoureux modifient la vulve et le vagin, les lubrifient et les rendent prêts à l'accueillir. La main du garçon ou celle de la fille peut guider le pénis vers l'orifice vaginal. La rupture de l'hymen peut provoquer une douleur fugace, mais peut aussi ne pas en provoquer du tout. Puis il y a la sensation du pénis qui bouge à l'intérieur du vagin, de plus en plus profondément, dans un va-et-vient rythmé caractéristique de l'acte sexuel.

La peur fait place à l'attente du plaisir. Le mouvement du pénis s'accélère jusqu'au moment de l'éjaculation. Après l'orgasme, le sexe de l'homme se ramollit et se détend. L'orgasme attendu ne sera peut-être pas au rendez-vous cette première fois. Ce n'est pas inquiétant. Les filles ne sont pas comme les garçons, qui jouissent généralement à chaque éjaculation.

Le plaisir chez la femme est plus diffus, il lui faut généralement plus de temps pour atteindre l'orgasme. Certains hommes pressés s'en agacent. Si votre amoureux ne sait pas le deviner, il est important pour vous de dire ce qui vous fait plaisir. Si vous ne le faites pas, vous risquez de vous installer dans une routine sexuelle où vous avez moins de chances de connaître le plaisir. En parler ensemble n'est pas toujours facile (crainte de vexer l'autre honte ou pudeur), mais il faut essayer.

L'acte sexuel n'est pas seulement la rencontre de deux corps, c'est la rencontre de deux personnes avec leur personnalité, leurs opinions, leurs sentiments et aussi leurs problèmes. Certaines filles éprouvent du plaisir sans se sentir amoureuses. Beaucoup d'autres ont besoin d'être amoureuses pour y parvenir. Elles reprochent aux garçons d'être moins sentimentaux, mais ce n'est pas toujours vrai. Les hommes et les femmes sont différents, ils n'expriment pas leurs sentiments de la même façon.

Je n'ai pas saigné et je n'ai pas eu mal la première fois. Est-ce normal ?

Généralement, on saigne un peu. Quand l'hymen est fin et souple, on ne saigne pas du tout et cela peut étonner. Dans de rares cas, on saigne davantage parce qu'un petit vaisseau s'est rompu. On arrête le saignement en appuyant avec une serviette et en maintenant la compression quelque temps. Quant à la douleur, elle dépend de la douceur de l'homme, de votre confiance en lui et de votre désir amoureux. Après le premier rapport, l'hymen peut rester sensible jusqu'à ce que les bords se cicatrisent. Cela peut brûler un peu lorsqu'on urine. Mais comme la déchirure est superficielle, cela ne dure pas longtemps.

Il existe cependant des hymens très épais, des orifices vaginaux très petits, parfois des brides hyménéales, sortes de petits ponts de chair qui empêchent toute pénétration : on les découvre lorsque l'introduction d'un tampon vaginal est impossible ou à l'occasion d'un premier rapport sexuel. Cela nécessite une petite intervention chirurgicale, mais c'est très rare.

Quelle est la meilleure position pour la première fois ?

C'est la plus simple, la plus classique, l'ancestrale position de la femme allongée sur le dos les jambes écartées et un peu repliées. L'homme est au-dessus d'elle, en face à face. Un coussin sous les reins peut faciliter la pénétration du pénis dans le vagin la première fois.

Les positions au cours de l'acte sexuel sont aussi nombreuses et variées que l'imagination humaine le permet. L'important est qu'elles conviennent aux deux amants.

Combien de temps dure un rapport ?

À cause de l'émotion et de la tension nerveuse, le premier rapport sexuel s'achève souvent avant d'avoir commencé. Le garçon éjacule avant la pénétration. Ensuite, la durée du rapport varie d'un homme à un autre, d'une rencontre à une autre. Cela peut aller de une à soixante minutes.

Est-il normal de ne pas sentir les jets de son sperme ?

C'est plutôt courant. Bien que cela déçoive parfois les hommes fiers de la puissance de leur éjaculation, le vagin perçoit les mouvements du pénis, ressent des sensations voluptueuses, mais il ne sent pas jaillir le sperme.

Qu'est-ce que le point G ?

Le point G a été découvert par les sexologues et n'a pas de réalité anatomique. Ce n'est pas vraiment un point, c'est une zone située entre l'urètre et l'os du pubis. Les caresses de cette région font sécréter les petites glandes entourant l'urètre et stimulent indirectement le clitoris.

Qu'est-ce que la fellation ?

C'est la pénétration du pénis dans la bouche de la femme avec caresses des lèvres, de la langue, et mordillements. Cela peut aller jusqu'à l'éjaculation ou s'interrompre avant. Le sperme peut être avalé ou non. La fellation est vécue par les femmes selon les circonstances.

Elle peut se pratiquer au cours d'un long rapprochement physique, ou à la place. Pour faire plaisir à son amoureux et en être heureuse. Et aussi parce que ça protège l'hymen, que cela peut se faire vite, sans intimité particulière. Quoi qu'il en soit, le préservatif est nécessaire car la moindre plaie de la bouche peut être une porte d'entrée pour le virus VIH (voir p. 204).

? *Qu'est-ce que le cunnilingus ?*

Ce sont des caresses du sexe féminin faites avec les lèvres ou la langue de l'homme. Il est fréquent que les femmes refusent, par un sentiment de trop grande invasion de leur intimité ou par peur de sentir mauvais. L'odeur du sexe féminin est un stimulant érotique pour beaucoup d'hommes. Pour d'autres, cette pratique est déplaisante.

? *Qu'est-ce que la sodomie ?*

C'est un acte sexuel par pénétration anale de l'homme ou de la femme. L'utilisation d'un préservatif s'impose non seulement contre le sida, mais contre d'autres maladies sexuelles. La muqueuse rectale est plus fragile que la muqueuse vaginale.

Sexualité : espace de liberté

Les pratiques sexuelles, les jeux amoureux dépendent des goûts, de la fantaisie, de l'intimité de deux amants. Leur limite infranchissable est le non-consentement, le déplaisir, la douleur physique ou morale d'un des deux partenaires. Tout ce qui est imposé par la violence, tout ce qui est imposé par le pouvoir physique ou moral est inacceptable.

? *Et les fantasmes ?*

Ce sont des représentations imaginaires. On s'imagine avec telle ou telle personne ou bien dans telle ou telle situation. On en est aussi peu responsable que de nos rêves. Les fantasmes traduisent nos désirs inconscients et nous révèlent une part de notre personnalité que nous ignorions. Ils sont pour beaucoup d'hommes et de femmes de puissants stimulants érotiques. On peut par exemple rêver, en étant éveillée, qu'on fait l'amour avec son acteur préféré, qu'on est violée, qu'on est quelqu'un d'autre, etc. Ils peuvent survenir pendant qu'on fait l'amour, ce n'est pas pour autant qu'on trahit son amoureux. On peut aussi fantasmer une relation homosexuelle, ce n'est pas pour cela qu'on l'est. Le propre du fantasme, c'est qu'il peut ne pas sortir de la tête. Certaines situations ou certaines images sorties d'un film, par exemple, peuvent parasiter ou même bloquer le plaisir. Les films porno, par exemple, sont loin d'être libérateurs pour tout le monde.

Quelques difficultés

Au cours des consultations, nous recevons certaines jeunes filles qui se plaignent de douleurs pendant l'acte sexuel ou d'une peur irrationnelle de la pénétration. D'autres encore craignent d'être frigides, si le plaisir n'est pas très vite au rendez-vous. Il s'agit dans la plupart des cas d'un problème physique assez facile à résoudre, quelquefois de résistances psychologiques dont les origines peuvent remonter à l'enfance. De toute façon, il est important de consulter une gynécologue, qui vous aidera à résoudre le problème ou vous orientera vers une consultation plus spécialisée.

J'ai mal pendant la pénétration. Est-ce parce que c'est le début ?

Avoir mal pendant les rapports porte le nom barbare de **dyspareunie.** La dyspareunie est dite superficielle quand la douleur se produit juste à l'entrée du vagin. Il faut tout d'abord savoir si vous êtes prête pour le rapport, si vous en avez vraiment envie, si vous êtes assez mouillée. Si c'est le cas et que vous avez mal, il faut rechercher une cause médicale, telle la vulvo-vaginite (voir p. 186), et la traiter. Si vous avez mal au ventre pendant le rapport sexuel, il s'agit d'une dyspareunie profonde qui nécessite un examen gynécologique complet.

Une fois les causes médicales éliminées, il faut réfléchir sur ses propres sentiments vis-à-vis de son copain. Il arrive parfois qu'on ait mal parce qu'on n'a pas envie. Il peut être plus facile d'avoir mal que de dire je ne veux pas.

La douleur peut provenir tout simplement de la brutalité de l'acte sexuel. Certains garçons ne peuvent exprimer leur virilité que dans la violence. C'est inacceptable.

J'ai une amie qui ne se laisse pas pénétrer. Elle est amoureuse de son copain, ça fait longtemps qu'ils sont ensemble, mais elle panique. Il ne l'a jamais pénétrée. Elle se demande si elle est normale.

Si la dyspareunie est la douleur liée à la pénétration, le **vaginisme** est l'impossibilité d'avoir des rapports avec pénétration vaginale. C'est rare, mais nous en voyons régulièrement chez des femmes de tout âge, et de toutes origines.

Ce trouble atteint des femmes qui ont peur de tout et par-dessus tout une peur panique d'éclater, de mourir par pénétration. Cette panique déclenche une contracture des muscles qui entourent le vagin et des muscles internes des cuisses. Cette véritable phobie s'accompagne de désir et de sensibilité aux caresses à condition que celles-ci s'arrêtent à une ligne de démarcation soigneusement établie par chacune. Il existe chez ces femmes un trouble de l'image du corps. Si on leur demande de dessiner sommairement leurs organes génitaux externes et internes, on s'aperçoit que le vagin n'existe pas ou qu'il n'y a aucune ouverture. Dans ces cas, il est conseillé à la femme de consulter une gynécologue qui pourra la suivre ou l'adresser à un spécialiste de techniques psychocorporelles.

Je n'éprouve pas de plaisir pendant la pénétration. Suis-je frigide ?

Comme le disait Hélène Michel-Wolfromm, une des premières gynécologues à s'intéresser à la dimension psychosomatique de la gynécologie, « s'étonner que les premiers rapports sexuels ne soient pas toujours accompagnés de plaisir, c'est comme s'étonner qu'un nourrisson n'apprécie pas un steak-frites » ! Au début de la vie sexuelle, il n'y a pas beaucoup de sensations vaginales. Mais si on se connaît de mieux en mieux, les sensations s'affinent et s'enrichissent. Peut-être avez-vous plus envie de caresses que de pénétration et n'avez-vous accepté que pour faire plaisir. Si c'est le cas, il faut apprendre à dire non et attendre d'être prête.

Le terme de **frigidité** a toujours été employé à tort et à travers. Certaines femmes n'ont ni désir ni plaisir, c'est l'**anaphrodisie**. D'autres ont du désir, des sensations agréables mais pas d'orgasme, c'est l'**anorgasmie.**

Il arrive qu'une femme se plaigne de frigidité alors qu'elle a un orgasme clitoridien. Cet orgasme est déprécié soit par elle, soit par son partenaire. Certains hommes sont frustrés quand la pénétration n'apporte pas un plaisir supplémentaire et que leur partenaire n'éprouve pas de plaisir au même moment qu'eux. Ils le vivent comme une remise en cause de leur virilité : c'est eux qu'il faut rassurer.

Beaucoup de garçons privilégient la pénétration, autrement dit « ils ne pensent qu'à ça » ! Ils sont moins intéressés par les caresses et les mots tendres. Or, pour beaucoup de femmes, les mots sont une caresse irremplaçable : « Il ne me dit jamais qu'il m'aime. »

Enfin, vous n'avez pas de plaisir parce que cela va trop vite : votre ami éjacule avant que vos sensations vaginales ne s'éveillent.

Si vous êtes inquiète, ou si votre copain se fait ou vous fait des reproches, il vaut mieux en parler avec un médecin formé à ces problèmes. Sinon, vous risquez de vivre chaque rapport sexuel comme un examen de passage à la fin duquel un jury se réunit pour donner des notes. La situation se bloque et cela peut durer.

Il se peut que l'absence de désir et de plaisir soit liée à des facteurs psychologiques remontant à l'enfance : éducation répressive, interdits, histoire familiale traumatisante. Il arrive qu'une relation sexuelle réveille des souvenirs enfouis d'attouchements, de violences, d'abus sexuels, d'inceste subis dans l'enfance. On en connaît la fréquence aujourd'hui. Rompre le silence est le premier pas vers une démarche psychologique.

Quand vous vous étonnez de ne pas éprouver tous les plaisirs à la fois, ne croyez surtout pas que vous n'êtes pas normale. Il faut parfois un certain apprentissage. Mais quel plaisir que cet apprentissage ! Il est fait de jeux, de jeux du corps, de jeux amoureux où vous vous découvrez l'un l'autre dans votre plaisir, dans votre vérité.

Homosexualité et bisexualité

L'inclinaison amoureuse vers un être du même sexe, l'homosexualité, se conjugue au féminin comme au masculin. Il est difficile d'aborder les émois, les amours, les relations homosexuelles sans être schématique. À l'adolescence, les attirances homosexuelles sont fréquentes, elles sont alors plus ou moins exclusives. On est attiré par son semblable. Une amie inséparable, une amie de cœur peut troubler, et on se demande avec angoisse : « Suis-je homosexuelle ? » Est-ce par peur de l'autre, de l'inconnu ? Est-ce par curiosité, par provocation ?

Cela peut être transitoire, cela peut s'installer pour longtemps, pour toujours. La plupart des adolescents qui font cette expérience resteront homos-homos, d'autres seront bisexuels, d'autres seront ensuite hétéros. Il est difficile de faire la part de la pression sociale et de son propre désir. Est-ce important ?

L'homosexualité a longtemps été considérée comme une monstruosité, contre nature. Puis elle a été jugée comme une maladie mentale qu'il fallait guérir. On envoyait les garçons ou les filles atteints de cette prétendue maladie chez le psychiatre pour les faire changer. Il n'y a pas plus de névrosés ou de psychotiques chez les homos que chez les hétéros. Certains parlaient d'une maladie d'origine hormonale. Il n'en est rien. On ne trouve pas plus d'hormones mâles chez les filles lesbiennes que d'hormones féminines chez les garçons homos.

Aujourd'hui, le débat s'est déplacé sur une possible origine génétique. Cette opinion a été avancée par une équipe de chercheurs américains, mais n'a absolument pas été confirmée par toutes les autres études. Il est vrai que, pour certains homosexuels, une origine génétique serait moins dérangeante que l'expression d'un choix, car il n'y aurait pas à se justifier. Ce serait comme avoir les yeux bleus ou marron, on naîtrait homo. Enfin, l'homosexualité n'est pas héréditaire : les enfants d'homosexuels/les ne sont pas plus homos que les enfants d'hétéros.

Auparavant, le jugement sur l'homosexualité était si péjoratif qu'on avait tendance à expliquer tous les passages à l'acte par des circonstances extérieures, en somme par pénurie de partenaires de l'autre sexe et non par attirance. On a longtemps aussi défini des circonstances familiales favorisantes, une relation mère-fils fusionnelle, une fixation définitive au premier objet d'amour, la mère pour les filles. Maintenant que les homosexuels/les sortent de l'ombre, on voit mieux qu'il en existe dans tous les milieux et dans toutes les situations familiales. On en voit dans les familles les plus « normales », les plus traditionnelles. Les conditions qui font qu'on devient homosexuel/le sont multiples. Si celui ou celle qui se découvre homosexuel le vit bien, faut-il couper les cheveux en quinze pour en trouver la cause ? Cherche-t-on la cause de l'hétérosexualité selon qu'on est heureux ou malheureux ?

L'évolution des mentalités sur l'homosexualité a permis de mieux reconnaître, de mieux identifier ses désirs homosexuels. Il est même possible d'être heureux et fier d'être homo et de s'affirmer comme tel/le. La question de savoir s'il y a plus d'homos aujourd'hui qu'hier est une question d'historiens et de sociologues. L'évolution est loin d'être terminée. Faire admettre aujourd'hui que ce n'est pas anormal reste encore une étape difficile dans de nombreuses familles, qui craignent que leur enfant soit marginal, minoritaire, différent, et qui lui renvoient le spectre d'un échec social et relationnel. Cela reste donc une chose difficile à vivre, à dire à ses parents. La crainte d'être jugé et surtout d'être rejeté reste très forte. Il y a des lieux pour en parler, pour se rendre compte que la marginalité n'est pas là où les familles la mettent.

Que la relation soit hétérosexuelle ou homosexuelle, le plus important est qu'elle s'accomplisse par libre consentement et dans une relation égalitaire. Homo ou hétéro, toute relation d'emprise et de dépendance est à fuir.

Les abus sexuels

Le terme « abus sexuel » recouvre des pratiques sexuelles exercées sur une personne non consentante, allant de l'attouchement jusqu'au viol. L'enfant, l'ado ou l'adulte qui en est victime n'est plus traité comme un être humain mais comme un « objet à procurer du plaisir ».

Parmi ces abus, l'inceste a lieu le plus souvent entre un parent masculin et un enfant, quel que soit l'âge. L'enfant est pris au piège des jeux. Normaux pour l'enfant, mais détournés par l'adulte au profit de ses satisfactions sexuelles. L'adulte abuseur sait enfermer l'enfant dans la culpabilité en lui faisant porter la responsabilité du dérapage, qui n'aurait été que la réponse à la demande de câlins et de curiosité de l'enfant. Le premier dégât est la relation fusionnelle qui se crée ainsi, dans laquelle ni le corps ni l'esprit de l'enfant ne lui appartiennent.

La victime se tait par peur de son agresseur et par crainte de briser la famille, par honte, par amour.

C'est un secret bien gardé, qui peut s'exprimer cependant par des conduites dangereuses – difficultés scolaires, fugues, anorexie, tentatives de suicide, prise de drogues – permettant une prise en charge de ces enfants. Ces violences créent un traumatisme qui peut durer toute la vie. Dans nos consultations de gynécologie, nous pouvons en repérer les traces dans la vie affective et sexuelle de nos patientes.

Le viol est défini par les termes de la loi de 1980 comme « tout acte de pénétration sexuelle, de quelque nature qu'il soit, commis sur la personne d'autrui, par violence, contrainte ou surprise ». 15,6 % des filles de 15 à 18 ans ont subi des rapports sexuels forcés, selon la statistique de l'ACSJ de 1995. Les auteurs des abus sexuels sont connus de la victime dans deux tiers des cas. Ils font partie de l'entourage familial dans 17 % des cas. Moins de 40 % des victimes ont pu en parler à quelqu'un au moment des faits. Les abus sexuels s'accompagnent de violences physiques dans 20 à 30 % des cas. La révélation est faite dans le cadre de l'école dans 25 % des cas.

Les circonstances du viol sont innombrables : agression par un inconnu, agression au contraire par quelqu'un de connu qui profite de la confiance. Il y a aujourd'hui des viols en groupe organisés, ou plus ou moins préparés au cours de soirées arrosées de drogues multiples. Et puis on parle de plus en plus de viols dans les collèges ou les lycées.

Malheureusement, au lieu de dénoncer son agresseur, la victime se sent tellement dégradée et humiliée que, le plus souvent, elle n'en a pas la force. Il faut savoir qu'un accueil est prévu pour la prise en charge psychologique et médicale (risques de grossesse et MST) dans les hôpitaux.

Dans les commissariats, des femmes policiers sont formées pour ces situations. Le témoignage de la victime est aujourd'hui enregistré en vidéo afin qu'elle n'ait pas à répéter indéfiniment tout au long de la procédure ce qu'elle a subi.

Le viol est un crime puni par la loi

Le viol n'est pas un délit, mais un crime qui relève de la cour d'assises si le coupable a plus de dix-huit ans, de la cour d'assises des mineurs s'il a entre 13 et 18 ans. Si la victime est mineure, le procès a lieu à huis-clos.

Il est puni de quinze ans de réclusion criminelle, mais de vingt ans de réclusion criminelle :

– lorsqu'il est commis sur un mineur de moins de 15 ans ;

– lorsqu'il est commis par un ascendant légitime, naturel ou adoptif, ou par toute autre personne ayant autorité sur la victime ;

– lorsqu'il est commis par une personne qui abuse de l'autorité que lui confèrent ses fonctions ;

– lorsqu'il est commis par plusieurs personnes agissant en qualité d'auteur ou de complice ;

– lorsqu'il est commis avec usage ou menace d'une arme.

Chapitre 3

La contra-ception

Petite histoire de la contraception

Depuis la nuit des temps, les femmes étaient dépourvues de contraception efficace. En France, une loi destinée à favoriser la natalité a été votée en 1920, après la Première Guerre mondiale : elle punissait de prison les femmes qui se faisaient avorter et ceux qui les aidaient à le faire, qu'ils soient médecins ou non. Dans Affaires de femmes, *un film de Claude Chabrol, une femme est condamnée à mort pendant la Seconde Guerre mondiale et décapitée à la hache pour avoir pratiqué des avortements.*

À cette époque, les femmes s'injectaient de l'eau vinaigrée dans le vagin après les rapports pour essayer d'en chasser les spermatozoïdes. Il n'existait aucune méthode efficace, sauf le préservatif masculin, que les hommes français utilisaient peu : le coït interrompu et les calculs de la période d'ovulation n'étant pas fiables, les femmes attendaient chaque mois leurs règles avec angoisse car, si elles ne pouvaient faire face à un enfant de plus, elles devaient recourir à l'avortement. « Quand on fait ça, on a toujours un pied dans la tombe », disaient-elles. Nombre de femmes mouraient en effet des suites d'un avortement clandestin.

En Angleterre, des femmes ont lutté pour la contraception et ont obtenu le droit d'utiliser des préservatifs féminins appelés diaphragmes, sortes de disques en caoutchouc que les femmes mettaient au fond du vagin et utilisaient avec un spermicide.

En 1956, des femmes et des hommes ont fondé le Mouvement français pour le planning familial, qui continue de nos jours à être la référence en matière de conseil en contraception.

En 1954, un scientifique américain, Pincus, a inventé la pilule, donnant aux femmes la possibilité d'avoir des enfants seulement quand elles le désiraient. Cette découverte a immédiatement déclenché une furieuse bataille. D'un côté, de nombreux hommes et femmes avaient envie de vivre leurs amours, leur sexualité et leur destinée plus librement. De l'autre, des hommes politiques (majoritairement

...

de droite) et des hommes d'Église (le pape en tête) s'inquiétaient pour la natalité et la défense des bonnes mœurs. Pis encore, beaucoup de médecins criaient : « Nous n'avons pas à nous occuper de contraception ! » Ça ne les empêchait nullement d'agiter leurs épouvantails : « La pilule donne le cancer, elle rend frigide, quand on l'oublie on est automatiquement enceinte, et de triplés. Ça peut donner des monstres », etc.

Ce qu'ils disaient sur les dangers de la pilule ne reposait sur aucune expérience. Le seul danger qu'ils n'avaient pas évoqué est apparu plus tard : de graves accidents circulatoires liés à certaines anomalies sanguines que l'on peut détecter par une prise de sang. Elles sont une contre-indication à la prise de la pilule.

Aujourd'hui, cette grande guerre est finie, et l'usage de la pilule est très répandu. Cependant, les fées Carabosse veillent. Elles profèrent toujours leurs malédictions. Nous aborderons plus loin (p. 118) les grandes peurs qui ont la vie dure...

Autrefois, quand venaient les premières règles, les mères disaient à leur fille : « Maintenant, tu peux être enceinte. Fais attention aux garçons. »

Aujourd'hui, les attitudes sont plus variées. Certaines mères disent : « prends la pilule, exige le préservatif. » Parfois même, elles conseillent d'aller voir une gynécologue. Dans d'autres familles, on reste très strict et il est entendu ou sous-entendu qu'il ne doit pas y avoir de relations sexuelles avant le mariage ou avant que la jeune fille soit absolument sûre qu'elle a rencontré l'homme de sa vie. Bien souvent aussi on reste dans le flou, le non-dit. Les parents se doutent, ils ne veulent pas savoir.

Enceinte dès la première fois ?

Les statistiques nous apprennent que 10 à 20 % des premiers rapports sexuels ont lieu sans aucune contraception. Ce qui est très inquiétant puisque, contrairement aux idées reçues, on peut tomber enceinte dès le premier rapport.

Quant aux adolescentes, elles ne prennent pas conscience tout de suite de la réalité. Certaines pensent que ça ne peut pas leur arriver, à elles. Ce qui occupe leurs rêves, c'est d'être amoureuses et d'être aimées. Elles ne veulent pas penser à ces contraintes trop réalistes. Et pourtant, souvent, la réalité confronte à des situations où le rêve n'a brutalement plus de place.

L'ambiguïté des médias

Pourquoi ne voit-on jamais la moindre publicité pour la contraception dans un lieu public, dans un journal, dans les pharmacies ? Tout simplement parce que, dans la France de l'an 2001, règne toujours une loi de 1920 interdisant la moindre publicité sur ce sujet. On a fait une exception pour le préservatif dans la lutte contre le sida. C'est une situation aberrante.

Le préservatif masculin

Outre sa fonction de contraceptif, c'est le meilleur moyen de se protéger contre les maladies sexuellement transmissibles. Pas besoin d'un médecin pour l'obtenir ! À l'heure du sida, c'est sans aucun doute la protection la plus efficace. Mais pour que l'efficacité soit maximale, il

COMMENT METTRE UN PRÉSERVATIF

DÉCHIRER L'EMBALLAGE À PARTIR DU POINT DE DÉCOUPE, EN ÉVITANT D'ENDOMMAGER LE PRÉSERVATIF.

RETIRER DÉLICATEMENT LE PRÉSERVATIF DE SON ENVELOPPE.

AVANT TOUTE PÉNÉTRATION SEXUELLE, PLACER LE PRÉSERVATIF À LA POINTE DU PÉNIS EN ÉRECTION. EN PINÇANT LE RÉSERVOIR.

DÉROULER LE PRÉSERVATIF JUSQU'À LA BASE DU PÉNIS.
S'IL SE DÉROULE MAL, IL A ÉTÉ PLACÉ À L'ENVERS. NE PAS FORCER.

SE RETIRER IMMÉDIATEMENT APRÈS L'ÉJACULATION EN RETENANT LE PRÉSERVATIF À LA BASE DU PÉNIS.

faut lui donner toutes ses chances : il faut savoir le mettre, et aussi l'enlever.

S'il est vrai que les sensations ne sont pas les mêmes avec et sans, la qualité des préservatifs a beaucoup évolué et certains sont extrêmement fins. L'utilisation de spermicides (voir p. 106) peut faciliter la pénétration et améliorer encore l'efficacité du préservatif.

Si l'image du préservatif est devenue positive pour beaucoup de jeunes, pour d'autres elle reste péjorative : c'est l'objet qui protégeait les hommes fréquentant des prostituées, le symbole d'une vie sexuelle trouble, clandestine. Cette image négative est visible dans le nom qu'on lui donne : si, en France, les capotes s'appellent anglaises, c'est parce que l'Angleterre, la perfide Albion, était autrefois l'ennemi héréditaire. Le préservatif est un mal-aimé...

? *Comment faut-il utiliser le préservatif ?*

Il faut que l'érection soit suffisante pour dérouler délicatement le préservatif sur le pénis : il est vrai que cela interrompt les préliminaires, mais on peut en profiter pour en faire un jeu amoureux. Il doit être impérativement mis avant toute pénétration. Le mettre au dernier moment, juste quand l'homme sent qu'il va bientôt éjaculer, est bien trop risqué. Des spermatozoïdes de la précédente éjaculation peuvent être fécondants. Enfin, dès que l'éjaculation s'est produite, l'homme doit se retirer en maintenant le préservatif fermement à la racine du pénis pour qu'il n'y ait pas de fuites de sperme. C'est à cause de ce risque de fuites que l'usage d'un spermicide (« tueur de spermatozoïdes ») apporte une seconde sécurité.

LE PRÉSERVATIF

Les spermicides existent sous différentes présentations :

– Sous forme de crème en capsule unidose ou en tube.

– Sous forme d'ovules et de tampons. Déposés au fond du vagin avant la pénétration avec préservatif, ils constituent une sécurité supplémentaire. La crème peut rendre l'introduction plus facile car elle est lubrifiante. Certains spermicides sont efficaces contre des agents responsables de MST. Cependant, que ce soit pour éviter les infections ou comme contraception, il n'est pas question d'utiliser le spermicide seul : chez le jeune homme, les spermatozoïdes hyperperformants sont capables de traverser tous les barrages tant ils sont vigoureux et mobiles.

Que faire si un préservatif craque ?

Si on prend la pilule, il n'y a pas de risque contraceptif. Il est conseillé de mettre un spermicide pour son action anti-MST.

Si on ne prend pas la pilule, il faut prendre la pilule du lendemain *(voir p. 125)* ***et un ovule spermicide pour son l'action anti-MST.***

Certains amoureux utilisent le préservatif dans les premiers temps. Au bout de trois mois, quand la relation continue dans un climat de confiance et que les tests VIH sont négatifs, on vient demander la pilule et, le plus souvent, le préservatif masculin est abandonné. S'il n'y a pas de relations avec une autre personne, d'un côté comme de l'autre, c'est très bien. Mais combien de fois la pilule est-elle arrêtée, le préservatif irrégulièrement utilisé et c'est l'accident : « Je n'avais plus de pilules, je devais aller chez le médecin et puis... »

La pilule

On sait depuis plus de quarante ans qu'en donnant aux femmes dès le premier jour des règles un mélange des deux hormones ovariennes, on bloque l'ovulation. C'est comme si on mettait un frein sur l'hypophyse et l'ovaire. Mais comme tout freinage, il doit être commencé suffisamment tôt pour être efficace. Et comme dans tout freinage, il ne faut pas lever le pied, c'est-à-dire ne pas oublier de prendre la pilule. Si on prend la pilule sans l'oublier, elle est efficace à 100 %.

La pilule agit à plusieurs niveaux. Son action essentielle est de bloquer l'ovulation en empêchant que l'ovule ne mûrisse. Elle diminue les sécrétions du col : la glaire cervicale devient plus épaisse et les spermatozoïdes ne peuvent plus la franchir. Enfin, la prise de la pilule supprime les qualités d'accueil de la muqueuse qui tapisse l'intérieur de l'utérus : trop mince, celle-ci devient incapable de recevoir un œuf.

? *Que contient la pilule ?*

La majorité des pilules contiennent la copie chimique d'un mélange des deux hormones sécrétées par l'ovaire, l'œstradiol et la progestérone. Ce sont des œstrogènes et de la progestérone obtenus par synthèse en laboratoire. Quand le mélange est identique pendant toute la plaquette, on parle de pilules combinées ou monophasiques. Quand la plaquette contient deux rangées de pilules différentes, on les appelle biphasiques ou séquentielles. Enfin, il existe des pilules où le mélange varie trois fois : ce sont les triphasiques.

Ainsi, selon les quantités de chacun des deux produits, on obtient des pilules qui ont des caractères différents. Le médecin choisira celle qui lui paraît la plus adaptée au fonctionnement de chaque femme. En France la pilule n'est délivrée que sur ordonnance.

À qui demander la pilule

Il faut voir un médecin, généraliste ou gynécologue, dans un centre de planning ou en consultation privée. En vous posant quelques questions sur votre santé, sur celle de vos parents, il disposera d'éléments importants pour identifier les très rares contre-indications absolues à la prise de la pilule, qui sont les suivantes :

- *l'hypertension artérielle, qui peut exister chez des jeunes (l'origine en est souvent génétique ou familiale) et certaines maladies de cœur ;*
- *les antécédents personnels de phlébite, qui n'existent pas chez les ados ;*
- *certains diabètes et surtout des taux anormaux de graisses dans le sang, eux aussi d'origine génétique : des accidents familiaux ou maternels de phlébite, de thrombose, c'est-à-dire de formation de caillots qui peuvent bloquer la circulation. Ces antécédents familiaux doivent faire demander des examens spéciaux pour voir si le sang n'est pas trop coagulable, ce qui est une vraie contre-indication à la pilule. Ceci peut s'accompagner ou non d'un excès de graisses dans le sang, contre-indiquant également la pilule.*

? *Faut-il voir une gynéco avant de prendre la pilule ?*

Non, nous venons de voir qu'avant de prendre la pilule il faut voir un médecin pour dépister les rares contre-indications médicales. Les contre-indications gynéco-

logiques sont exceptionnelles chez les adolescentes qui ont déjà leurs règles. Mais, pour l'examen gynécologique, pour le dépistage des infections, dans la majorité des cas, une gynéco semble plus adaptée que le médecin de famille ou le pédiatre.

De toute façon, ce n'est pas parce qu'on est devant une gynéco que l'examen gynécologique est obligatoire. Si vous n'avez jamais eu de rapports sexuels ou si vous n'êtes pas prête, ce sera pour la fois suivante.

? *Est-ce qu'il y a des examens à faire pour savoir quelle pilule convient ?*

Non, il n'y a pas de test sanguin indiquant que telle pilule ira à telle personne. Par contre, un certain nombre d'éléments vont guider le médecin dans le choix de votre pilule. Il va ainsi vous poser une série de questions sur la façon dont se passent vos règles (leur régularité, leur abondance), et sur les symptômes que vous présentez avant leur arrivée (seins douloureux, poussée de boutons d'acné).

Grâce à ces renseignements, il vous prescrira une pilule qui, en plus de son effet contraceptif, sera adaptée à votre fonctionnement hormonal et pourra même corriger certains troubles. On l'a vu, certaines pilules sont bonnes pour la peau et soignent l'acné, d'autres arrivent à calmer les seins douloureux. Ce n'est pas toujours aussi réussi. En général, il faut attendre la troisième plaquette pour que l'adaptation à la pilule se fasse. Si ce n'est pas le cas, on en change.

La pilule fait-elle grossir ?

Quel que soit leur âge, que les jeunes filles, les jeunes femmes soient minces ou moins minces, c'est *la* question. C'est dire son importance. Les premières pilules, il y a très longtemps, faisaient souvent grossir et cela s'est gravé dans les mémoires depuis trois générations. Elles contenaient dix fois plus de produit que celles qui sont proposées aujourd'hui.

De nos jours, il est rare que la pilule fasse grossir. Et comme il n'y a pas de justice, c'est presque toujours les filles un peu rondes qui grossissent alors que les minces ne prennent pas un gramme. Parfois, seuls les seins augmentent de volume. Certaines en sont ravies, d'autres l'acceptent mal.

De toute façon, si une prise de poids se produit, il ne faut pas l'accepter. Il faut absolument revoir le médecin pour comprendre ce qui se passe et changer de pilule. Avec les pilules disponibles actuellement, la prise de poids est rare. Si cela continue après plusieurs essais, on peut conseiller une autre contraception hautement efficace, comme le préservatif avec des spermicides.

Cette peur de grossir est souvent exprimée comme une fatalité : comme s'il fallait payer un bien, la pilule, par un mal, les kilos. Il est très utile d'exprimer ses peurs car, la plupart du temps, il y a une solution. C'est pourquoi le médecin doit toujours les prendre au sérieux.

Comment faut-il prendre la pilule ?

La prescription habituelle est la suivante : à partir du premier jour des règles, prendre un comprimé pendant 21 jours au coucher ou au lever sans oubli. C'est à vous de

LA PILULE

choisir le moment de la journée où vous risquez le moins d'oublier, de façon que la pilule soit prise toutes les vingt-quatre heures environ.

Arrêter 7 jours et recommencer sans tenir compte des règles. Une fois qu'on a commencé la pilule, le rythme de la prise est de 21 jours de pilule, suivis de 7 jours d'arrêt.

Certaines pilules récentes se prennent en continu : dès que la plaquette est terminée, on utilise la plaquette suivante sans interruption. Autant, la première fois, il est impératif de débuter la prise le premier jour des règles, autant, une fois qu'on a commencé, on ne s'occupe pas des règles pour savoir quand reprendre. D'autant que, parfois, il peut ne pas y avoir de règles du tout.

? *Que vais-je ressentir en prenant la pilule ?*

Le plus souvent, rien. Parfois, quelques sensations de tension au niveau des seins, peut-être quelques nausées les premiers jours. C'est plutôt rare avec les faibles dosages des pilules actuelles. Des saignements peuvent se produire, il faut en être prévenue. Ce sont de simples taches dans la culotte, comme des petites règles : elles sont dues au fait que la muqueuse qui tapisse l'intérieur de l'utérus reçoit une dose d'hormones plus faible que quand vous ne preniez pas la pilule. Quand on démarre la pilule, il faut un certain temps pour que la muqueuse s'adapte à une dose inférieure. Cette adaptation se fait en un ou quelques cycles.

Une autre cause fréquente de saignement est l'oubli de la pilule : la muqueuse n'a pas reçu sa dose habituelle d'hormones ! C'est souvent comme cela qu'on s'aperçoit qu'on en a oublié une ou plusieurs ! Pour la conduite à tenir, voir ci-contre.

Si des saignements persistent malgré une prise correcte, si vous avez mal au ventre, si vous avez des pertes blanches inhabituelles, appelez votre médecin. Si tout est normal, il conseille de prendre une autre pilule, un peu plus forte ou à dosage progressif, et les saignements doivent cesser.

Le phénomène inverse est l'absence de règles à la fin de la plaquette.

Que faire en cas d'oubli ?

Tout dépend.

- Si vous êtes en retard de moins de 12 heures.

Vous restez protégée. Il suffit de prendre immédiatement la pilule en retard et celle du jour, ce qui vous fait deux pilules le même jour.

- Si vous êtes en retard de plus de 12 heures.

S'il vous reste sept comprimés ou plus dans la plaquette, prenez la pilule oubliée et celle du jour, ce qui vous fait prendre deux pilules le même jour, comme dans le cas précédent. Continuez la plaquette normalement en utilisant en même temps une autre contraception (spermicide, préservatif) jusqu'à la fin de la plaquette, car la contraception par la pilule ne redeviendra efficace qu'à partir de la plaquette suivante.

S'il vous reste moins de sept pilules dans la plaquette, il vous faut prendre la pilule oubliée, celle du jour, utiliser une autre contraception pendant sept jours et enchaîner avec une nouvelle plaquette sans faire d'arrêt.

Si vous avez oublié de reprendre votre pilule après l'arrêt, attention, reprenez-la et utilisez un préservatif pendant quinze jours. Toutes ces informations figurent sur la notice contenue dans la boîte : lisez-la attentivement.

N'est-ce pas inquiétant de ne pas avoir de règles ?

S'il n'y a pas eu d'oubli, non. L'explication de l'absence de règles est la suivante. La pilule empêche la sortie de l'ovule de l'ovaire. Elle a également une action sur la paroi interne de l'utérus. Or, les règles sont l'élimination de cette paroi interne, la muqueuse utérine, qui tel un gazon pousse tous les mois.

Quand on prend la pilule, ce « gazon » pousse beaucoup moins. Cela explique que les règles soient moins abondantes sous pilule. Parfois, il ne pousse pas du tout : pas de muqueuse à éliminer, pas de règles. Cette absence crée toujours une surprise. Même quand on est prévenue, cela réveille des angoisses sur l'efficacité de la pilule. De plus, les règles sont depuis toujours le témoin que l'on fonctionne normalement : ne pas avoir ses règles... ne serait-ce pas un dérèglement ?

Répétons-le, s'il n'y a pas eu d'oubli, ce risque n'existe pas. Il y a toujours la possibilité de se rassurer en faisant un test de grossesse, qui est toujours négatif, mais ça revient un peu cher. S'il n'y a pas de règles du tout pendant quelque temps, il suffit de changer de pilule.

Est-ce que la pilule est efficace dès qu'on la prend ?

Totalement si elle a été commencée le premier jour des règles.

Est-on protégée pendant les sept jours d'arrêt ?

Si on la reprend bien après les sept jours d'arrêt, il n'y a aucun problème. Si on dépasse ce délai, on risque de sup-

primer le freinage de l'hormone hypophysaire, donc de lui permettre de déclencher l'ovulation. Ces deux dernières questions, très souvent posées, paraissent exprimer une difficulté à croire à l'efficacité de la pilule, comme si c'était trop beau pour être vrai.

Il est important de savoir que, si on arrête la pilule parce qu'on est séparée de son amoureux pendant le mois de vacances, on peut se retrouver dans une situation à risques. En effet, quand on arrête la pilule, les règles ne reviennent pas forcément juste quatre semaines après l'arrêt. On est donc sans repères, et on court le risque d'avoir un rapport au moment de l'ovulation avant d'avoir pu reprendre la pilule. Dans cette situation, il faut systématiquement utiliser des préservatifs.

? *Est-il vrai qu'elle donne des boutons et des poils ?*

C'est une inquiétude qui vient de l'époque d'avant la pilule, lorsqu'on ne disposait que d'un petit nombre d'hormones pour traiter certaines maladies gynécologiques. Certaines de ces hormones avaient un effet androgénique (comme les hormones mâles) : elles provoquaient une augmentation de la pilosité, essentiellement au niveau du visage. La peur de ces poils au menton avec leur effet désastreux a été si forte qu'elle s'est transmise à travers des générations de femmes.

La pilosité est variable chez chacune. Il est très fréquent d'avoir une petite ligne de poils du pubis au nombril, il est fréquent d'avoir quelques poils au niveau des seins. Ne parlons pas des bras et jambes. Tout cela est ressenti comme superflu. Il est normal que l'on souhaite que la pilule n'augmente surtout pas cette tendance spontanée. C'est pourquoi, quand la pilosité est plutôt accentuée, la gynécologue choisit dans la gamme proposée une pilule

qui a un effet anti-hormones mâles. Il arrive souvent que les dermatologues nous demandent de prescrire ce genre de pilule à des filles qui ont de l'acné et un excès de pilosité. Le résultat est souvent spectaculaire.

La pilule peut-elle provoquer des troubles de la circulation ?

Les problèmes de varices, de jambes lourdes, de pieds et de mains trop chauds ou trop froids, ces « problèmes de circulation » n'ont que peu de rapports avec des problèmes hormonaux. En ce qui concerne les varices, qui sont parfois héréditaires, les minipilules d'aujourd'hui ne les accentuent que rarement. Il faut avoir une activité physique, il ne faut pas porter de bottes serrées.

Est-ce qu'on peut décaler ses règles ? Ça ne m'arrange pas du tout de les avoir le jour de mon examen ou pendant les vacances.

Il est exact que, grâce à la pilule, vous pouvez décider de retarder vos règles. Ce qui peut être utile pour des raisons diverses : examen, voyage, etc.

Quand vous prenez une pilule combinée (toutes les pilules de la plaquette sont identiques, comme nous l'avons vu plus haut), il suffit d'enchaîner avec la plaquette suivante sans aucun arrêt et de la continuer jusqu'au moment où vous voulez avoir vos règles. Quelle qu'ait été la durée de la prise, l'arrêt qui suit doit, comme d'habitude, être de sept jours.

Si les pilules de la plaquette ne sont pas identiques, il faut enchaîner avec les pilules de la même couleur que celles de la plaquette qu'on vient de terminer.

Des astuces pour ne pas oublier

Plus on est motivée, plus on apprécie la liberté qu'offre la prise de la pilule et moins on l'oublie. Ce n'est cependant pas si simple, et il faut réfléchir à ce qui favorisera le plus la régularité de la prise.

Vous pouvez placer la plaquette dans votre verre à dents, à condition que vous vous laviez les dents tous les soirs. Ou plutôt dans votre sac, afin qu'elle soit disponible si vous ne rentrez pas chez vous au dernier moment. Il y a aussi des montres qui sonnent toutes les vingt-quatre heures, mais il faut supporter ce rappel à l'ordre, parfois en public.

Vous pouvez encore décider de la prendre le matin pour vous apercevoir plus vite d'un oubli.

Depuis peu, il existe des pilules qu'on prend tous les jours sans interruption, ce qui évite de s'angoisser sur le jour de la reprise.

? *Il paraît qu'il existe une micropilule. Qu'est-ce que c'est ?*

Ce sont des pilules très faiblement dosées à la progestérone. Elles doivent être prises tous les jours à la même heure, parce qu'elles ont l'inconvénient de ne pas être efficaces à 100 % et de perturber très souvent le cycle : règles espacées ou, au contraire, saignements permanents. Si on l'oublie, il faut prendre d'autres précautions pendant dix jours. Imaginez ce qui se passe si on l'oublie une fois tous les dix jours...

Cette micropilule progestative est réservée à la contraception au cours de l'allaitement. Elle ne nous paraît pas du tout adaptée aux adolescentes.

Une nouvelle micropilule progestative vient d'être mise sur le marché : elle n'aurait pas les inconvénients des précédentes. À suivre...

Existe-t-il des pilules qu'on ne prend pas tous les jours ?

Il existe depuis longtemps des injections intramusculaires que l'on fait tous les trois mois. On les utilise dans certains pays pour des populations défavorisées ou considérées comme incapables de discipline. Cette contraception trimestrielle a d'ailleurs été utilisée en France, en général chez des malades mentaux ou psychiatriques. Jusqu'ici, on n'avait pas envisagé qu'elle puisse concerner un grand nombre de femmes.

Dernière nouvelle : il existe des implants, c'est-à-dire d'une réserve d'hormones que l'on glisse sous la peau. Ces implants diffuseront régulièrement la quantité d'hormones nécessaire pour bloquer l'ovulation et seront, semble-t-il, efficaces pendant trois ans. Il paraît difficile d'imaginer que cette méthode à long terme soit adaptée à l'adolescence. Là encore, c'est à suivre.

Qu'est-ce qui est le plus efficace : le préservatif ou la pilule ?

En ce qui concerne la contraception, utilisé correctement et à chaque rapport, le préservatif est efficace à 97 %. Il arrive juste derrière la pilule, efficace à 100 % s'il n'y a pas d'oubli (voir p. 113). Outre sa grande efficacité contraceptive, il est la seule arme contre les MST.

Pourquoi la pilule fait peur

Les hormones sexuelles ont toujours fait peur. D'autres hormones, comme la thyroxine (l'hormone de la thyroïde)

ou l'insuline (celle du pancréas), n'inspirent pas les mêmes craintes. Mais les hormones sexuelles, ces substances qui orientent le sexe et la sexualité... ça sent peu ou prou le soufre. Non seulement la pilule contient un mélange des deux hormones sexuelles féminines, mais encore elle permet de dissocier l'acte sexuel de la procréation, c'est-à-dire de faire l'amour sans risque de grossesse. Même si on se sent libérée, on n'est jamais totalement à l'abri de la culpabilité, donc de la crainte d'un châtiment pour avoir passé outre la nature, d'être punie là où on aurait péché.

Les grandes peurs d'aujourd'hui sont la peur du cancer, la peur de l'infertilité. Même si toutes les femmes ne posent pas ces questions, elles se les posent, y compris les jeunes filles. Le médecin ne doit pas éluder ces interrogations fondamentales, il doit au contraire les débusquer derrière des questions plus anodines.

▸ Pilule et tabac

Dans le mariage de la pilule et du tabac, ce dernier est de très très loin le plus dangereux. Il serait meilleur pour la santé que le tabac ne soit prescrit que sur ordonnance et que la pilule soit en vente libre !

Prendre la pilule multiplie par 4 le risque d'infarctus du myocarde. Mais attention, il ne faut pas paniquer car, même si le risque augmente, le chiffre est de moins de 50 cas pour 1 million de femmes par an. **Ce risque ne commence à jouer qu'à partir de 35 ans.**

Si la femme sous pilule est hypertendue, ce risque est multiplié par 68. Si la femme fume, le risque est multiplié par 87 après 35 ans. En conclusion, à partir de 35 ans il y a contre-indication à la pilule chez les fumeuses.

En conclusion, pour l'adolescente fumeuse, il vaut mieux prendre la pilule que ne pas la prendre et courir le risque d'une grossesse et d'une IVG.

Les risques du tabac

Autrefois, quand les femmes ne fumaient pas, elles n'avaient pas de cancer du poumon, et elles n'avaient pas d'infarctus du myocarde avant la ménopause. Aujourd'hui, la quasi-parité homme-femme en matière de tabagisme fait que la fréquence des cancers du poumon augmente chez les femmes de même que celle de l'infarctus du myocarde, indépendamment de toute prise de pilule. Le risque est proportionnel au nombre de cigarettes fumées.

Et si on arrêtait de fumer

En tout cas, le début de la contraception peut être une nouvelle façon de se prendre en charge et une occasion de mettre en pratique la décision d'arrêter de fumer. Il y a des lieux, il y a des liens, un challenge entre copains (voir adresses p. 223).

→ *Aurélie vient demander une prise de sang qui permettrait de trouver la pilule compatible avec son paquet de cigarettes quotidien. Au cours de la consultation, il apparaît que le risque du mélange tabac-pilule, qu'elle ne formule d'ailleurs pas précisément, lui cache complètement les dangers du tabac seul, qu'elle n'envisage pas d'arrêter.*

Il est troublant pour les médecins de constater que l'ennemi principal, le tabac, laisse les adolescentes indifférentes et que seule sa compagne, la pilule, fait

peur. La pilule serait-elle un plus mauvais objet que la cigarette ? Lorsque nous vous prescrivons une pilule contre l'acné ou pour des règles douloureuses, en somme pour des raisons autres que contraceptives, vous nous parlez beaucoup moins du tabac que lorsque la pilule est prescrite simplement pour faire l'amour sans risque de grossesse. Derrière la peur de l'association pilule-tabac, n'y aurait-il pas d'autres peurs, telle celle de se lancer dans une relation totale, amoureuse et sexuelle, avec l'autre ?

▸ Pilule et cancer

En ce qui concerne le cancer, depuis plus de quarante ans, le recul est suffisant pour pouvoir affirmer que cette peur ne repose sur aucun fondement réel. Au contraire, la pilule prémunit contre le cancer de l'ovaire. Elle met en effet l'ovaire au repos, donc le protège.

Une sonnette d'alarme a été tirée un court moment, quand on a trouvé un peu plus d'anomalies du col de l'utérus chez les femmes qui prenaient la pilule. On s'est vite aperçu que la pilule n'était pas seule en cause.

Pour ce qui est du cancer du sein, l'augmentation de sa fréquence est multifactorielle : l'alimentation, la pollution, le tabac, l'hérédité, le niveau socioculturel (les épouses de président américain semblent plus touchées que leurs domestiques noires). Dans tous ces facteurs de risques, la part de la pilule est bien insignifiante. D'année en année, les médecins étudient attentivement les statistiques pour vous tenir informées.

Les femmes sous contraception sont mieux protégées que les autres

La prise de la pilule accompagne un certain nombre de facteurs de risques : rapports sexuels plus jeune, avec plus de partenaires, tabagisme dès l'adolescence. Tout cela exprime l'évolution des mœurs, la pilule en fait partie mais n'en est pas la cause.

En contrepartie, la contraception a amené de plus en plus de jeunes femmes chez les médecins, et notamment chez les gynécologues. Grâce à ces nouvelles habitudes, la surveillance médicale a permis de dépister des lésions précancéreuses de plus en plus tôt et de prévenir les MST.

▸ Pilule et infertilité

Une pilule longuement utilisée dans les années 1970 s'appelait Stédiril®, et le lapsus Stéridil (qui évoque « stérile ») était très fréquent. En outre, le dispositif intra-utérin s'appelle stérilet. D'où des malentendus.

Si, aux tout débuts de l'avènement de la pilule, on brandissait la menace de grossesses multiples en cas d'oubli, aujourd'hui c'est l'inverse. Beaucoup de femmes redoutent que la prise de la pilule ne soit responsable d'une infertilité.

La contraception féminine s'est si largement répandue (en France deux femmes sur trois l'utilisent) que de nouvelles façons de penser sont nées. Celles-ci ne correspondent pas toujours à ce qui se passe dans la profondeur des esprits et des corps. Femmes et hommes se sont tellement habitués à maîtriser la contraception, c'est-à-dire la non-conception, que petit à petit a germé l'idée que, pour commander une grossesse, il suffisait d'arrêter la pilule.

Aujourd'hui, quand on désire un enfant, si la commande n'est pas livrée au moment où on l'avait programmée, on se sent mal, on se sent anormale et on se croit stérile. Si on a pris la pilule, on se demande inévitablement si la prise de pilule n'en est pas la cause.

À l'arrêt de la pilule, les ovaires des femmes ne se réveillent pas avec la même rapidité. Les règles peuvent avoir quelques jours, voire quelques semaines de retard. Selon la date de la reprise de l'ovulation. Après l'arrêt, on retrouve en général les cycles qu'on avait auparavant. Si les cycles étaient irréguliers, ils redeviennent irréguliers et la pilule n'y est pour rien.

Comme beaucoup de qualités, **la fertilité n'est pas uniformément distribuée.** Il existe une grande différence entre les femmes. Indépendamment de toute prise de pilule, telle femme sera enceinte du premier coup, telle autre mettra plus d'un an à « tomber enceinte ». Il n'y a pas de test pour savoir si on est un peu, beaucoup, passionnément ou pas du tout fertile. Jamais la pilule n'a été à l'origine d'une infertilité.

Ce qui est vrai, c'est que la prise de la pilule pendant des années peut masquer une difficulté à être enceinte. Celle-ci ne se découvrira que lorsqu'on aura arrêté la pilule. On peut comprendre que les femmes auxquelles c'est arrivé n'aient pas une bonne image de la pilule.

La pilule ne fait qu'empêcher l'ovulation. Pour qu'une grossesse s'installe, l'ovulation ne suffit pas, le mécanisme est beaucoup plus complexe. Il faut que l'ovule rencontre un spermatozoïde performant, qui a pu monter dans l'utérus et arriver jusqu'à la trompe (ce canal entre l'ovaire et l'utérus), dans laquelle la fécondation va avoir lieu. Ensuite cet œuf fécondé doit quitter la trompe, descendre dans l'utérus et trouver une place bien préparée

pour que la nidation puisse se faire et qu'une grossesse s'installe.

Tous ces mécanismes ne se rétablissent pas en même temps, chaque femme a son rythme ovarien. La médecine dispose aujourd'hui de médicaments capables de faire ovuler des femmes qui présentent de graves troubles de l'ovulation.

On sait que la fertilité décroît progressivement. Après 35 ans, elle amorce une descente, avec de grandes variations individuelles. Il y a des femmes qui ont leur petit dernier à plus de 40 ans. D'autres qui, lorsqu'elles essaient après 35 ans, ont beaucoup de problèmes pour être enceintes.

Y a-t-il un danger à être enceinte juste après l'arrêt de la pilule ?

Aux tout débuts de la pilule, les médecins recommandaient d'attendre six mois par prudence. Puis, quand il a été vérifié que dans la plupart des cas les ovaires se remettaient à fonctionner rapidement, le délai s'est raccourci. Aujourd'hui, il est conseillé d'attendre d'avoir une fois ses règles après l'arrêt de la pilule.

Le plus important est de savoir que, si une grossesse s'installe tout de suite après l'arrêt de la pilule, il n'y a jamais de danger pour l'enfant : ou l'ovaire a parfaitement repris son activité et il va s'occuper parfaitement de la grossesse ; ou bien la grossesse va s'interrompre faute d'un soutien ovarien suffisant. Ce sera une fausse couche précoce. Jamais la prise de la pilule n'a provoqué de malformations.

La pilule du lendemain

Pendant longtemps, prendre une contraception après un rapport « à risques » a consisté à prendre des doses d'hormones plus importantes que dans une plaquette de minipilules. Aujourd'hui, il n'en est plus ainsi. Il existe maintenant une pilule appelée Norlevo®. Elle agit au niveau de la muqueuse utérine en empêchant la préparation à l'implantation d'un œuf fécondé. Il semble qu'elle ait également une action sur l'ovulation.

? *Comment la prend-on ?*

La boîte contient deux comprimés de progestatif. Il faut prendre le premier comprimé le plus près possible du rapport à risques, le second douze heures après. Ces produits ne donnent que peu d'effets secondaires. Les règles se déclenchent soit un peu plus tôt que prévu, soit à la date attendue. Si les règles ne surviennent pas cinq jours après cette date, il faut faire un test de grossesse.

L'efficacité de la pilule du lendemain

Cette technique, aussi précieuse soit-elle, n'est pas efficace à 100 %. Son efficacité varie en fonction du moment où on la prend :
– prise dans les premières 24 heures, elle est de 95 % ;
– après 72 heures, elle tombe à 54 %.

C'est pourquoi les chiffres les plus récents parlent d'une efficacité moyenne de 90 %. Il reste donc 10 % d'échec.

Comment se la procurer ?

Depuis l'été 1999, il est possible de se la procurer dans les pharmacies, sans médecin, et sans ordonnance. Il est même possible de la demander en cas d'urgence à l'infirmière de l'établissement scolaire, ce qui devrait favoriser la rapidité de la prise. Rappelons au passage que l'infirmière scolaire est tenue au secret médical, de même que tous les médecins.

Il en existe une autre marque, commercialisée sous le nom de Tétragynon®, également vendue en pharmacie, qui contient des œstrogènes et de la progestérone (à plus fortes doses que la pilule normale). Mais elle s'obtient seulement sur ordonnance, et elle est remboursée par la Sécurité sociale. Cette fois, il faut prendre deux comprimés, puis deux autres, 12 heures plus tard. Elle n'est absolument pas dangereuse, mais peut avoir des effets indésirables (nausées, vomissements, maux de tête).

Peut-on la prendre souvent ?

La pilule du lendemain est très appréciable en cas de rapports très espacés ou surtout non prévus. La prendre plusieurs fois de suite perturbe le cycle, on se retrouve alors sans repères. On ne sait plus quand commencer sa plaquette. D'où un risque réel de grossesse.

Dans une relation suivie, s'il faut prendre quatre ou cinq fois dans le mois la pilule du lendemain, pourquoi ne pas prendre la pilule tous les jours ? La pilule prise 21 jours sur 28 apporte une sécurité, une liberté incomparables.

Un immense progrès

Il aura fallu du temps pour que cette pilule du lendemain soit mise librement à la disposition des femmes. C'est en 1958, à la suite d'un viol de religieuses dans l'ex-Congo belge, que des médecins sur place ont eu pour la première fois l'idée de prescrire de fortes doses d'œstrogènes. Ainsi, des grossesses ont été évitées. Le succès de cette technique a été diffusé et des médecins, des gynécologues en particulier, ont commencé à l'employer. Petit à petit, on a constaté qu'elle était efficace si elle était prise au plus tard 72 heures après le rapport. Ainsi, pendant longtemps, on a prescrit quelques comprimés de Stédiril® en cas de nécessité. Cela se faisait mais, officiellement, on en parlait peu.

Cette contraception dite d'urgence est sans aucun doute un immense progrès. Elle va évoluer dans les années à venir.

Les contraceptions locales

▸ Le stérilet

Le stérilet est une méthode de contraception locale que l'on appelle aussi dispositif intra-utérin. Il a des formes diverses ; la lettre T, le chiffre 7... Il est en plastique, en polyéthylène, et comporte en outre du cuivre, du platine ou de la progestérone. Efficace à 98 %, il est placé par le médecin à l'intérieur de l'utérus au moment de la fin des règles.

Sa présence empêche la muqueuse utérine de se préparer pour l'installation d'un ovule fécondé. Il exerce donc une entrave à la nidation. De plus, la présence du stérilet dans l'utérus provoque des contractions au niveau des

trompes. Ces dernières sont agitées de mouvements trop rapides et l'ovule ne peut se gorger de réserves pour être en pleine forme au moment de sa rencontre avec les spermatozoïdes qui se dirigent vers lui.

L'inconvénient du stérilet est qu'il rend plus vulnérable aux infections. Il se trouve à l'intérieur de l'utérus, mais un fil de Nylon attaché à son extrémité inférieure descend un peu dans le vagin, où peuvent se trouver des germes susceptibles de déclencher des infections. La présence du fil facilite la montée des germes. Des cas d'infection des trompes (salpingites) entraînant des infertilités ont pu être constatés. À cause de ce risque, on ne pose pas de stérilet aux femmes qui n'ont pas d'enfant. Il y a certaines exceptions chez des jeunes femmes totalement incapables de la moindre discipline.

▸ Les préservatifs féminins

Les premiers sont arrivés d'Angleterre en France en 1956, aux débuts du Planning familial. Il fallait les commander par courrier. C'étaient les diaphragmes... Le diaphragme est un disque de caoutchouc que l'on place tout en haut du vagin, ce qui peut être fait bien avant le rapport. Après l'avoir placé, il faut vérifier avec le doigt qu'il recouvre et protège le col de l'utérus. Il doit être utilisé avec un spermicide. À leur apparition, les diaphragmes ont été largement utilisés ; c'était enfin pour les femmes un moyen de ne plus dépendre du bon vouloir masculin.

Le diaphragme a été disponible en France en 1967, après la loi Neuwirth autorisant la contraception. Il fallait apprendre à le mettre, ce qui n'était pas compliqué, sauf pour les femmes n'aimant pas les manipulations vaginales.

Utilisé à chaque rapport avec un spermicide, il était hautement efficace, autant que le préservatif. Avec l'arrivée de la pilule et du stérilet, la demande est devenue rare. De ce fait, il est actuellement difficile de s'en procurer en France.

Il existe également depuis peu des capes contraceptives beaucoup plus difficiles d'utilisation. Ce sont de petits bonnets de polyuréthane souple à placer directement sur le col. La pose en est acrobatique et laborieuse. Du coup, la sécurité est loin d'être parfaite. Tout cela n'est pas idéal pour des débuts dans la sexualité !

Enfin, un nouveau préservatif féminin est désormais disponible, le Femidom®. Il s'agit d'un grand cylindre de polyuréthane muni d'un anneau en haut, qu'on cale au fond du vagin, et d'un anneau en bas, qui reste au niveau de l'orifice vaginal et protège la vulve. Il peut être utile quand, du côté masculin, il n'y a pas de préservatif. Il semble mieux convenir aux femmes qui ont une certaine expérience sexuelle, mais c'est à vérifier.

▸ Les spermicides

Nous avons parlé de leur utilité pour augmenter la sécurité du préservatif. Comme ils sont faciles à utiliser, il y a eu une vogue des ovules, des tampons ou des éponges. Ils peuvent constituer une solution après 45 ans, quand la fertilité est vraiment en baisse. Ils ne doivent jamais être utilisés seuls par des jeunes en période de fertilité maximum, on l'a vu. En effet, avec des spermatozoïdes rapides comme des Formule 1, leur efficacité est très médiocre...

Combien coûte la contraception

Toute mineure qui se présente dans un centre de planning peut obtenir une prescription de contraceptif sans autorisation parentale. Cette ordonnance permet une remise de pilule gratuite en pharmacie, à condition qu'il existe une convention entre le département où vous vivez et la caisse d'assurance maladie. Renseignez-vous auprès du centre de planning.

Le prix des préservatifs varie de 1 F l'un (très rare) à 30 F la boîte de 6.

Le prix des pilules est très variable. La contraception est aussi un marché : les laboratoires pharmaceutiques qui fabriquent les pilules veulent les vendre le plus cher possible. La Sécurité sociale qui les rembourse cherche à en baisser le prix. Actuellement, il n'y a que quelques pilules remboursées. Les pilules remboursées coûtent moins de 20 F la plaquette (ce sont Adepal®, Minidril® et Trinordiol®). Les pilules plus récentes, celles dont on parle le plus, les plus légères, valent le double ou le triple et ne sont pas remboursées. Encore une contradiction : on incite les jeunes à se protéger, on vante les pilules modernes mais, sans remboursement, on en limite l'accès, le budget des jeunes n'étant pas toujours en rapport.

En ce qui concerne la consultation médicale, dans les centres de planning elle peut être gratuite. Dans les dispensaires, les hôpitaux et les centres de santé, elle coûte 150 F en sachant que, bien souvent vous pouvez ne payer que le ticket modérateur, c'est-à-dire la différence entre le prix de la consultation et ce que la Sécurité sociale rembourse réellement.

Dans les consultations privées, les prix varient entre un minimum de 150 F et un maximum qui n'est pas fixé…

Quant au préservatif féminin, son prix, 10 F pièce, est assurément un obstacle à une utilisation régulière.

Les méthodes naturelles

À notre époque de pollution, de nuisances de toutes sortes, on assiste à un désir de retour au naturel. Les méthodes de contraception appelées naturelles exigent toutes une vigilance permanente, une intense et constante motivation, pour être quelque peu efficaces.

▸ Le retrait ou coït interrompu

C'est la méthode la plus pratiquée. L'homme doit se retirer du vagin lorsqu'il sent venir l'éjaculation. Certains hommes sont capables de cet effort et de cette maîtrise. Mais cette méthode marche très bien... jusqu'au jour où elle ne marche plus. En effet, les très jeunes ne savent pas, les très amoureux ne peuvent pas, enfin les égoïstes ne veulent pas. On peut imaginer le résultat du cumul de ces trois « qualités ». En outre, lors d'un deuxième rapport, il peut y avoir avant l'éjaculation proprement dite une sécrétion qui contient des spermatozoïdes.

On rencontre toujours des couples qui pratiquent cette technique avec succès. Quand ces couples désirent un enfant, ils attendent plus longtemps que ceux qui ont des accidents avec le coït interrompu, tout simplement parce qu'ils sont moins fertiles. Soyons claires : chez un couple jeune, fertile et... qui fait l'amour souvent, cette méthode naturelle a « naturellement » un taux d'échec important.

Certains appliquent cette méthode tout au long du cycle, d'autres font des calculs destinés à bénéficier de périodes sans contrainte.

▸ Des calculs incertains

Tous les calculs reposent sur une méthode fort ancienne, celle du docteur Ogino. Se fondant sur le cycle le plus long et le cycle le plus court, cette méthode a pour but de déterminer la période de fécondité minimum. Malheureusement, pour que cette méthode soit efficace, la période sans risque est tellement courte qu'elle n'est guère praticable par des couples jeunes, fertiles et qui ont des rapports fréquents... Quant aux calculs faits dans un contexte où il n'est pas (toujours) possible de garder la tête froide, le taux d'erreurs est important et constant.

▸ La courbe de température

Pour rendre la méthode de calculs plus efficace, on peut la compléter par celle des températures. En effet, la température de la femme est différente avant et après l'ovulation. Après l'ovulation, l'ovaire fabrique une seconde hormone, la progestérone, qui fait monter la température. Le moment de la montée de la température correspond au lendemain de l'ovulation. Malheureusement, il n'y a pas de feu orange clignotant annonçant que l'on va ovuler. On sait seulement après coup que l'ovulation est terminée.

Avec cette méthode, le feu vert permettant d'avoir des rapports complets n'est donné que lorsque la température reste élevée pendant au moins trois jours. Ce délai de trois jours est impératif si l'on veut être sûre que la montée n'est pas due à un rhume, ou au fait qu'on s'est levée pour aller chercher le thermomètre. En effet, tout cela se joue à 2, 3 ou 4 dixièmes de degré près.

Cette méthode est la seule autorisée par le Vatican en matière de contraception. Elle est donc suivie principalement par des couples catholiques. Extrêmement contraignante, elle semble en outre vraiment plus performante pour déterminer les périodes de fertilité que pour s'assurer des périodes d'infertilité. Il y a maintenant des tests très sophistiqués qui, avec un kit, déterminent le jour de l'ovulation (prix : 150 F). Là encore, cette technique est plus efficace pour cibler la meilleure période pour avoir une grossesse que pour l'éviter.

▸ La méthode de Billing

Il s'agit d'introduire le doigt dans le vagin pour percevoir les variations des sécrétions vaginales tout au long du cycle menstruel. Très liquides et ressemblant à du blanc d'œuf cru avant l'ovulation, elles s'épaississent après elle. Cette méthode, surtout populaire aux États-Unis, est peu répandue en France.

Faut pas rêver !

Toutes ces techniques peu précises ne peuvent être relativement efficaces qu'à l'intérieur de la relation stable d'un couple qui, par conviction, opte pour des méthodes naturelles tout en connaissant les risques encourus. À l'adolescence, en période de fertilité maximum, c'est faire preuve d'un irréalisme total que d'espérer que ça marche.

La contraception masculine

Il y a eu quelques tentatives de pilule pour hommes. On leur a donné des hormones pour freiner la production des spermatozoïdes, mais cette méthode a été abandonnée du fait de son peu d'efficacité, et de son aspect contraignant. Les hommes demandeurs étaient soit des maris désirant soulager leur femme d'une contraception qu'elles ne toléraient pas, soit des hommes qui voulaient rester maîtres de la situation pour éviter de « se faire faire un enfant dans le dos ». D'autres essais sont à l'étude, notamment des vaccins anti-spermatozoïdes. Cependant, les laboratoires savent bien que ce ne sera jamais un marché important. C'est la femme qui porte les enfants, l'homme n'est pas concerné dans son corps. Comment espérer alors qu'il se soumettra à une contraception régulière ? Comment faire vraiment confiance à un homme qui dira « je prends la pilule » ? Il y a des hommes exceptionnels, il est vrai.

Nous venons d'aborder les différentes méthodes contraceptives. L'expérience nous a appris que, pour qu'une contraception soit adoptée et poursuivie, il faut qu'elle « plaise ». Depuis le sida, nous gynécologues ne pouvons plus faire exactement comme avant : être à l'écoute des désirs de chacune, ne pas choisir pour elle et trouver avec elle la contraception qui lui convient le mieux. Malheureusement, il n'en est plus toujours ainsi. Aujourd'hui, il faut composer avec la réalité : **ne jamais oublier que le préservatif est le seul moyen efficace contre le sida.**

On peut avoir envie de changer de contraception, de passer de l'une à l'autre selon les circonstances : coup de foudre ou coup de cœur, relation brève, fidélité sans faille. On peut avoir une première relation, puis rester longtemps seule avant d'entreprendre une nouvelle histoire. Entre-temps, on a changé...

Les consignes de sécurité

Elles visent à vous protéger contre la grossesse et contre les MST.

Pour que la femme bénéficie de la sécurité absolue et d'une autonomie en matière de contraception, il est préférable de pratiquer la double protection :

- *se protéger contre les MST par l'usage du préservatif masculin ;*
- *se protéger contre une grossesse non désirée en prenant la pilule, efficace à 100 %.*

Si on n'est pas protégée par la pilule contraceptive et qu'on n'a pas utilisé de préservatif, il faut prendre la pilule du lendemain.

Bons plans et bonnes adresses

- *Un petit livret gratuit pour en savoir plus :* **Ma première contraception** *fait 50 pages. Il est édité par le CNGOF, la FNCGM (deux associations de gynécologues) et le laboratoire Organon. Il suffit de le réclamer à son gynécologue.*
- *Un site Internet pour éclaircir ses notions sur le cycle menstruel, la contraception, mais aussi connaître l'actualité dans ce domaine et poser des questions :* ***www.pilado.com.***
- *Une bande dessinée intitulée* **Un jour, une fleur** *(Laboratoire Scherring) à consulter dans la salle d'attente du gynécologue ou à lui réclamer.*
- ***Une carte qui sonne.*** *Si votre amie prend la pilule et qu'elle est distraite, dites-lui qu'il existe une carte pense-bête. Elle peut la réclamer à sa gynécologue qui saura la lui procurer gratuitement. Elle sonne tous les jours à la même heure pendant trois mois pour rappeler l'heure de sa pilule quotidienne.*

Quelques contacts

- *Pour la pilule ou la contraception d'urgence :*

Mouvement français pour le planning familial
4, square Saint-Irénée, 75011 Paris. Tél. : 01 48 07 29 10.
Association Pour la Contraception d'Urgence ou du Lendemain
centre d'Orthogénie de l'hôpital Broussais, 92, rue Didot, 75014 Paris. Tél. : 01 43 95 90 60.

- *Pour une demande d'IVG ou une aide :*

Association des Centres de Régulation des Naissances de l'Assistance Publique-Hôpitaux de Paris*, Hôpital Saint-Louis, 1, avenue Claude-Vellefaux, 75010 Paris. Tél. : 01 42 49 91 39 (pour un rendez-vous d'IVG ou une intervention).*
SOS Grossesse*, association sans parti pris, propose une aide aux femmes enceintes et aide le couple à réfléchir sur le recours ou pas à l'IVG. Tél. : 01 45 82 13 14 ou 01 45 84 55 91. Pour poser ses questions, un email : info@sosgrossesse.org.*

Chapitre 4

L'interruption de grossesse

Avant que la contraception ne soit largement répandue, avant la légalisation de l'avortement, les jeunes filles qui étaient enceintes sans le vouloir avaient trois solutions, dont aucune ne représentait un véritable choix. Deux mariages sur trois se faisaient pour cause de grossesse.

Dans de nombreux cas, la famille obligeait le jeune homme à « réparer » sa faute en organisant un mariage précipité. Quelques mois plus tard naissait un enfant qu'on appelait prématuré bien qu'il présente toutes les qualités d'un bébé manifestement à terme, notamment le poids. On peut facilement imaginer que la réussite de ces unions forcées était une loterie où il n'était pas évident de tirer le bon numéro !

Si le mariage n'avait pas lieu, et si la jeune fille décidait d'avorter, elle le faisait dans la clandestinité, sans médecin, sans soutien bien souvent, et au péril de sa vie. Quelques-unes, privilégiées, se rendaient dans des pays où l'avortement était autorisé.

En plus du risque médical, les femmes encouraient une peine de prison puisque l'avortement était interdit et puni par la loi, ceci frappant aussi bien les femmes que ceux ou celles qui les aidaient.

Enfin, si la jeune femme décidait envers et contre tout de garder son enfant, elle se mettait en marge de la société. Le terme péjoratif de « fille-mère » la désignait au mépris général. Souvent, elle quittait sa province natale pour se réfugier dans l'anonymat des grandes villes et se soumettait à de terribles conditions de travail pour élever son enfant.

Heureusement, les choses ont beaucoup évolué. La contraception largement répandue permet théoriquement à chaque femme de ne pas être enceinte si elle ne le souhaite pas. En cas d'« accident », elle a la possibilité de recourir à l'interruption volontaire de grossesse.

Aujourd'hui, celle qui décide d'avoir son enfant et de l'élever seule peut compter sur des aides réelles de l'État.

Le fait que l'avortement persiste alors même que trois femmes sur quatre utilisent une contraception prouve bien qu'on ne peut pas tout maîtriser par la volonté. On notera cependant que le nombre de naissances et d'IVG diminue chez les adolescentes.

Malgré ces évolutions considérables, des grossesses surviennent aujourd'hui sans qu'on se soit posé la question, sans qu'on ait envisagé une contraception. Se retrouver enceinte très jeune peut être vécu comme un véritable drame par celles auxquelles cela arrive, mais aussi par leur entourage.

À notre époque où la moyenne d'âge au premier enfant est de 28 ans, les grossesses adolescentes paraissent toujours anormales, elles dérangent. Ce « dérangement » peut entraîner des réactions agressives de la part de l'entourage, des médecins. L'adolescente les sent, ce qui peut retarder ses démarches et l'amener à demander une IVG quand le nombre de semaines autorisé est dépassé.

Ce que dit la loi de 1975

L'avortement clandestin, appelé par les médecins et les juges avortement criminel, est devenu depuis le 17 janvier 1975, l'interruption volontaire de grossesse (IVG). La femme que son état place dans une situation de détresse peut demander à son médecin l'interruption de la grossesse. Celle-ci peut se pratiquer jusqu'à dix semaines de grossesse, c'est-à-dire douze semaines après le premier jour des dernières règles. Cette interruption se pratique dans un centre hospitalier public ou privé sur demande de la femme. C'est donc elle qui décide ou non de poursuivre sa grossesse, qui a la maîtrise de la procréation, sauf si elle a moins de 18 ans.

Si la femme est mineure célibataire, le consentement de l'une des personnes qui exerce l'autorité parentale ou, le cas échéant, du représentant légal est requis. Ce consentement devra être accompagné de celui de la mineure célibataire enceinte, qui le donne en dehors de la présence des parents ou du représentant légal. Il faut une semaine de réflexion entre la demande d'IVG et l'IVG elle-même. Et pendant ce délai un entretien social doit avoir lieu avec une psychologue ou conseillère du planning familial.

Plus d'avortements aujourd'hui qu'hier ?

Les nombreux opposants à cette loi soutenaient que la légalisation de l'avortement allait augmenter sa fréquence, il n'en a pas été ainsi. Avant la contraception et la loi de 1975, le nombre d'avortements était probablement égal à celui des naissances, à l'époque, près d'un million par an. Aujourd'hui, alors que trois femmes sur quatre utilisent une contraception, il y a environ 220 000 avortements par an pour 700 000 naissances.

En novembre 2000, des modifications de la loi ont été votées mais ne seront pas appliquées tant que des décrets n'auront pas été promulgués. À l'heure où ce livre paraît, c'est toujours la loi de 1975 comme elle est expliquée ci-dessus qui s'applique.

Dès que les décrets d'application seront parus :

– l'IVG pourra être pratiquée jusqu'à douze semaines de grossesse, c'est-à-dire quatorze semaines après le premier jour des règles précédentes.

– Pour les mineures qui seront dans l'impossibilité d'avoir l'autorisation d'un parent, un adulte de la famille ou un éducateur pourra être habilité à donner ce consentement.

– L'entretien social obligatoire prévu par la loi de 1975 sera supprimé.

La modification en matière d'autorisation des parents est une avancée considérable pour les mineures dont les parents ne tolèrent aucune vie sexuelle en dehors du mariage, et qui sont véritablement en très grand danger. Elles sont nombreuses dans l'hexagone aujourd'hui et très démunies.

Combien de mineures recourent à une IVG ?

Sur les 220 000 interruptions de grossesse par an, 6 500 concernent des mineures. Les mineures représentent 5 % des femmes enceintes.

Sur ces 5 %, 2 % poursuivent leur grossesse et 3 % font une IVG.

En ce qui concerne les grossesses et les IVG, il existe deux catégories bien distinctes : 12-15 ans et 15-18 ans.

Dans les 12-15 ans la majorité avorte.

Après 17 ans, plus de la moitié poursuivent leur grossesse.

Chiffres tirés du Rapport du Dr Michèle UZAN sur l'IVG en 1998.

Et quand on a dépassé le délai ?

Entre 1967, date à laquelle la contraception a été autorisée en France et 1975, date de la dépénalisation de l'avortement, les femmes françaises qui voulaient avorter ont pu, grâce à la lutte et au soutien des féministes et du

Planning familial, partir à l'étranger. Les deux pays qui les accueillaient étaient l'Angleterre et la Hollande. Ces deux pays continuent à accueillir aujourd'hui les femmes qui ne sont pas prises en charge par la législation française, parce qu'elles sont enceintes hors du délai légal. Ceci arrive plus souvent aux mineures qu'aux femmes adultes et le passage de 10 à 12 semaines voté en novembre 2000 par les députés ne réglera pas les difficultés de bien des adolescentes.

? *Combien ça coûte ?*

L'IVG est prise en charge par la Sécurité sociale. Dans le cadre des centres d'IVG hospitaliers, la mineure peut apporter la carte Vitale de la famille, qui sera utilisée dans le secret. Elle devra payer le ticket modérateur. Si cela lui est impossible, l'aide médicale pourra lui être accordée.

Enceinte sans le vouloir

Malgré l'information qui existe, certaines jeunes filles « tombent » enceintes sans le vouloir.

Mais l'information n'est pas uniformément distribuée. Il n'y a pas assez de centres de planning à proximité des lieux d'apprentissage et des lieux scolaires, il faut faire de longs trajets, attendre. Cependant, à niveau d'information égal, certaines vont se protéger et d'autres pas. Ce n'est donc pas seulement un problème d'information, bien d'autres facteurs entrent en jeu.

Il n'est pas facile d'utiliser des méthodes contraceptives régulières lorsque la vie amoureuse et sexuelle ne l'est pas.

Et pourtant, la période de 15 à 18 ans est particulièrement fertile : une grossesse peut donc survenir à tout moment. On peut être enceinte à la fin des règles, même quand on est sûre qu'elles vont arriver le lendemain, même la première fois qu'on fait l'amour et même lorsqu'il n'y a pas de pénétration.

Les médecins voient de temps en temps des jeunes filles vierges enceintes car les spermatozoïdes déposés au niveau de la vulve sont remontés dans le vagin. Si c'est au moment de l'ovulation, la glaire peut les aspirer, ils arrivent dans la trompe et la fécondation peut avoir lieu sans qu'il y ait eu pénétration.

Il n'est pas rare à cet âge de prendre des risques, poussée par l'appétit de vivre tout et tout de suite, de faire des expériences périlleuses en imaginant qu'on est toute-puissante, que ça n'arrive qu'aux autres. Dans ces conditions de risque extrême, tôt ou tard on se retrouve enceinte.

Se protéger est un acte conscient, prémédité. Cela suppose qu'on a décidé d'avoir des rapports. Plus le milieu familial est répressif, plus cela peut être difficile. Plus on se sent coupable, et plus on prend le risque de se punir en ne se protégeant pas.

Pratiquer une bonne contraception, c'est agir pour vivre une vie amoureuse et sexuelle dans le plaisir. Les interdits, les tabous qui pèsent sur la sexualité font qu'on n'arrive pas à se protéger par une contraception. Au contraire, une fois qu'on est enceinte, la situation d'urgence créée par la grossesse balaie tous les préjugés. Les souffrances de l'interruption de grossesse peuvent parfois être vécues comme le châtiment de ce qui est ressenti comme une faute.

> → *Ainsi, Charulata est enceinte de son fiancé, alors que sa famille est très traditionaliste et religieuse. Elle est dans un état de panique tel qu'elle imagine mourir, soit de la main de son père s'il l'apprend, soit au cours de l'anesthésie si elle fait une IVG, qui la rendra stérile dit-elle. Elle a recours à l'IVG, après laquelle elle reste dans une constante inquiétude d'être toujours enceinte. Elle téléphone sans cesse au*

médecin pour être rassurée, multiplie les tests de grossesse. Elle n'arrive pas à croire que la pilule prescrite après l'IVG est efficace. Il faudra plusieurs mois pour qu'elle s'apaise.

Y a-t-il un profil type des jeunes filles qui demandent l'interruption de leur grossesse ?

Non, pas vraiment, il n'y a pas de dénominateur commun. On y trouve toutes sortes de catégories d'adolescentes et des raisons multiples, qui souvent se recoupent.

Il y a celles à qui leur mère n'a jamais rien dit et celles à qui leur mère a parlé de contraception dès leur plus jeune âge, qui savent tout.

Il y a celles chez qui la grossesse survient par arrêt de contraception, d'autres qui sont enceintes à la suite d'une erreur de contraception.

Il y a celles qui pensent que ça ne peut pas leur arriver à elles, qu'elles ont un pouvoir magique sur leur corps, que c'est pour les autres.

Il y a celles qui ont besoin de se rassurer sur leur féminité en étant enceintes.

Il y a celles pour qui le désir d'enfant est une idée avec laquelle on joue : enfant réel, enfant imaginaire ?

Il y a celles qui réalisent un désir d'enfant avec leur ami et se rendent compte que c'est impossible.

II y a celles qui sont en difficulté avec leur copain, et qui espèrent se l'attacher par la grossesse.

Certaines se débattent dans des conflits familiaux, ont des conduites de fugue, de drogue et se retrouvent enceintes pour provoquer la famille, pour l'obliger à les entendre.

→ *Audrey est envoyée chez le médecin de famille parce qu'elle a des troubles digestifs. Celui-ci découvre qu'elle est enceinte de près de quatre mois et qu'elle n'en a dit mot à personne.*

Parfois, c'est le rapport ambivalent à la mère qui est à l'origine de la situation.

→ *Sandrine est enceinte à 18 ans d'un garçon du même âge, avant d'avoir eu le temps de prendre la pilule dit-elle. Sa mère a un enfant d'un jeune compagnon. Sandrine sent très rapidement qu'elle n'est absolument pas prête à envisager une grossesse. De plus, il est clair pour elle que son histoire amoureuse n'a plus de sens. Elle rompt avec son récent copain avant même de faire l'IVG. Sandrine prend plus ou moins conscience du fait qu'elle a été enceinte pour se prouver et prouver à sa mère qu'elle pouvait être enceinte comme elle.*

? *Il y a bien des jeunes qui gardent leur enfant, nous avons eu un cas dans notre lycée. Comment font-ils ?*

Il est vrai qu'il y a des cas où tout se passe bien, le désir est clair, le couple d'ados décide ensemble de garder l'enfant et mobilise toutes ses énergies pour créer une famille malgré les difficultés. Quelquefois également, la jeune fille prend cette décision toute seule et elle est épaulée par sa famille et son environnement.

Dans la majorité des cas, les choses sont bien moins claires et on garde l'enfant sans bien savoir si on le veut.

Certaines jeunes, sans formation, sans travail et sans soutien affectif sont dans une telle impasse que devenir mère est enfin une perspective d'avenir. La grossesse donne un statut social et procure un revenu mensuel de parent isolé qui s'élève à 3 900 F par mois avant la naissance. À la naissance du bébé et jusqu'à ce qu'il ait 3 ans, ce revenu est de 4 900 F par mois. Cette aide est donnée à toutes les mineures qui deviennent mères.

Avoir un enfant, c'est avoir quelqu'un à soi, qui vous aimera et qu'on aimera. Mais ce souhait n'est pas toujours suivi d'effet : quand on n'a pas reçu d'amour, il n'est pas facile d'en donner. On peut également voir se répéter chez une mineure enceinte l'histoire de sa mère.

> → *Adeline est enceinte à 16 ans. Sa mère lui avait parlé contraception, lui disant qu'à 17 ans, étant enceinte, elle avait dû abandonner ses études et vivre très durement pour l'élever. Dans cette histoire, Adeline a entendu quelque chose qu'elle répète. Elle décide de garder cette grossesse et sa mère la soutient.*

La plupart du temps, la grossesse chez une adolescente entraîne une marginalisation. Elle se trouve précipitée dans le monde adulte alors qu'elle a des aspirations de jeune fille. La grossesse de l'adolescente aboutit souvent à une adolescence gâchée.

Il faut également rappeler la situation dramatique de filles très jeunes, de moins de 15 ans, enceintes à la suite de violences sexuelles, de viol, d'inceste. Souvent elles n'en parlent à personne et dissimulent leur grossesse. Ces situations se vivent dans un état de solitude et de détresse tel qu'il peut pousser la jeune femme à commettre envers le bébé un de ces actes criminels dont on entend parler de temps en temps dans les médias. Il est très troublant de constater qu'à notre époque, en France, certaines adolescentes sont incapables de reconnaître qu'elles sont enceintes jusqu'au moment de l'accouchement.

Comment savoir si on est enceinte ?

Le premier signe de grossesse est l'absence de règles. Si vous avez habituellement des règles régulières, si vous avez eu des rapports peu ou non protégés, un retard de règles doit être un signal d'alarme. Certaines n'y prennent pas garde. Il faut acheter un des tests vendus en pharmacie et en grande surface (malheureusement, ils ne sont pas remboursés). Ce test détecte la présence de faibles concentrations d'hormones indiquant une grossesse même très récente. Pour qu'il soit fiable, il faut le faire sur des urines concentrées et donc boire très peu de liquide la veille du test, de façon que les petites quantités d'hormones ne soient pas noyées.

Les démarches

Le premier pas consiste à aller voir un gynécologue qui procède à un examen. Il calcule le nombre de semaines d'aménorrhée, c'est-à-dire le nombre de semaines écoulées depuis le premier jour des dernières règles.

Au cours de cet examen, il pratique également le dépistage d'infections gynécologiques, de MST. Il rédige alors un certificat constatant que vous êtes enceinte de tant de semaines et que vous désirez interrompre cette grossesse. Tout ceci peut se passer dans un centre de planning familial ou d'orthogénie (voir annexe).

À partir de la date inscrite sur ce certificat commence la semaine de réflexion prévue par la loi. L'étape suivante est un rendez-vous avec une conseillère familiale. Au cours de cet entretien, des informations sont fournies sur les aides sociales possibles si on poursuit sa grossesse, sur le déroulement de l'IVG dans le cas contraire.

Quelle que soit votre situation, cet entretien est un moment important dans votre prise de décision. Quand la loi est entrée en vigueur, le caractère obligatoire de cet entretien a pu apparaître comme une pression exercée sur la femme pour qu'elle poursuive sa grossesse. Ce caractère obligatoire a été supprimé par un vote de novembre 2000.

Pourtant, quand il se déroule dans un climat de tolérance, de bienveillance, il peut aider la jeune fille à trouver sa vérité en dehors de toute pression, en particulier de la part de sa famille. C'est l'endroit où peuvent s'exprimer les désirs contradictoires, les sentiments de culpabilité. Parler peut atténuer la peine et rendre le vécu de l'interruption de grossesse moins lourd. Avoir pu exprimer son désir avant d'y renoncer peut être une façon de poser des jalons pour l'avenir. Certaines ne veulent ni ne peuvent en parler, c'est comme si tout cela se passait à l'extérieur d'elles.

De toute façon, il est nécessaire pour une mineure enceinte d'être prise en charge par une équipe dans laquelle elle trouvera quelqu'un à qui parler et qui pourra continuer à la suivre après l'IGV.

Et les parents ?

Mineure, mais pas pour tout

Il y a des aspects paradoxaux dans la situation de l'adolescente enceinte : elle doit avoir l'autorisation écrite d'un des deux parents, ou d'un adulte tiers, pour avorter. Par contre, si elle poursuit sa grossesse, elle aura l'autorité parentale sur son enfant.

Rapport du Dr Michèle Uzan.

Quand il n'y a pas trop de conflits avec la famille, l'adolescente finit généralement par en parler à sa mère parce qu'elle a besoin de son aide, même si cela doit se passer dans le bruit et la fureur.

Quand la grossesse survient dans un climat de conflit avec la famille, les adolescentes ont très peur d'être prises dans la spirale d'une décision qu'elles ne ressentent plus comme la leur. Il arrive que la mère ou les deux parents imposent la décision d'avorter à leur fille qui ne peut plus rien exprimer.

Les différentes méthodes

L'entretien pré-IVG permet d'exposer les différentes méthodes possibles, l'aspiration avec anesthésie générale ou locale, et l'avortement médicamenteux.

▸ L'aspiration

Elle consiste à faire pénétrer dans le col de l'utérus un instrument en plastique, une canule, que l'on branche sur un système d'aspiration qui vide l'utérus de son contenu.

Cette aspiration dure quelques minutes et se pratique sous anesthésie générale ou locale. L'anesthésie se fait par une injection intraveineuse. Vous ne sentez rien et, quand vous vous réveillez, c'est fini. Quant à l'anesthésie locale, elle consiste à anesthésier par des piqûres le col utérin. Vous êtes donc consciente. Pour les très jeunes femmes, l'anesthésie générale semble la meilleure solution, mais il y a toujours des exceptions.

En pratique, on est admise le matin à jeun et on reste quelques heures après le réveil. On peut reprendre ses activités dès le lendemain. On sort avec des instructions écrites que donne un centre de planification comme le protocole du centre d'IVG de l'hôpital Corentin Celton à Issy-les-Moulineaux (que vous pouvez lire page suivante).

Après l'IVG

Pendant 8 jours :

– *prenez votre température matin et soir ;*

– *surveillez les saignements.*

Par mesure d'hygiène et pour éviter toute infection :

– *ne prenez que des douches : pas de bain, pas de piscine, pas de toilette intime, pas d'injection intravaginale ;*

– *ne mettez pas de tampons, utilisez uniquement des serviettes périodiques ;*

– *n'ayez pas de rapports sexuels jusqu'à l'arrêt des saignements.*

En plus de la pilule, ne prenez que les médicaments prescrits par le médecin.

Les règles ne viendront qu'après l'arrêt de la plaquette de pilules.

Vous devez consulter si :

– *vous saignez beaucoup ;*

– *vous avez de fortes douleurs ;*

– *vous avez une température supérieure à 38 °C pendant plus de 48 heures.*

Dans tous les cas :

– *une consultation de contrôle par un gynécologue est indispensable 10-15 jours après l'intervention ;*

– *vous recevez une ordonnance de pilule à commencer le lendemain de l'IVG pour avoir une contraception efficace à 100 %.*

▸ La méthode médicamenteuse

Elle ne peut être utilisée que pendant une période assez courte, jusqu'au quarante-neuvième jour après le premier jour des dernières règles. C'est dire qu'elle est réservée à celles qui savent très tôt qu'elles sont enceintes. Cette méthode n'est pratiquée que dans les centres hospitaliers ou centres d'orthogénie. Le produit utilisé est la mifépristone, ou RU 486, mise au point par un chercheur français, le professeur Baulieu.

Le RU 486 a pour effet de rendre la progestérone inactive, or la progestérone est nécessaire à la poursuite d'une grossesse. La grossesse est donc interrompue par le premier médicament. Un deuxième médicament (le misopristol) va déclencher des contractions de l'utérus qui expulseront la grossesse arrêtée. L'utérus se vide sans le moindre geste chirurgical.

Une pilule contestée

La découverte de cette pilule abortive a suscité beaucoup d'oppositions : cela allait encore augmenter le nombre des avortements, disaient les opposants, c'était trop facile, etc. On n'a rien vu de tel. Cependant, les pressions des mouvements intégristes anti-avortement américains ont été si intenses que le laboratoire Roussel-Uclaf (RU) a pris peur. Il faut savoir qu'aux États-Unis ces fanatiques du respect de la vie n'ont pas hésité à tuer un médecin américain près du dispensaire où il pratiquait des avortements (son assassin a été récemment arrêté en France). Le laboratoire pharmaceutique qui fabriquait la pilule abortive s'est débarrassé de cette molécule qui, menaçant son chiffre d'affaires, risquait de le faire boycotter, et qui n'a été sauvée qu'à la dernière minute par un autre laboratoire.

? *Comment est-ce que ça se passe concrètement ?*

Après la visite pré-IVG et la semaine de réflexion obligatoire, on prescrit trois comprimés de mifépristone (RU 486) à prendre au centre hospitalier. Après la prise, la jeune femme retourne chez elle. Elle est prévenue que,

dans 95 % des cas, il ne se passera rien jusqu'à son retour au centre.

Ce retour a lieu quarante-huit heures plus tard. On lui donne à ce moment-là un deuxième médicament (deux comprimés de misopristol) qui va provoquer des contractions de l'utérus. Le résultat de ces contractions est l'ouverture du col de l'utérus, qui va vider l'utérus de la grossesse qu'il contenait. C'est comme des règles douloureuses avec perte de sang et caillots.

Il faudra rester au centre pendant quatre heures environ. Après un dernier contrôle médical, la jeune femme rentre chez elle avec une ordonnance de pilule. Une visite est prévue une dizaine de jours après pour vérifier que tout va bien, ce qui est le cas dans 98 % des cas. Au moindre doute, le médecin prescrira une échographie et conseillera une aspiration s'il y a encore des débris dans l'utérus.

Comment choisir entre les deux méthodes ?

Le choix est difficile entre ces deux méthodes différentes, l'une médicale, l'autre chirurgicale. Dans la méthode chirurgicale, l'aspiration, vous êtes endormie et le médecin s'occupe de tout. Pour certaines, c'est un soulagement de ne rien voir, de ne rien entendre. D'autres ont si peur de l'anesthésie qu'elles vont choisir le RU.

Dans cette méthode, on participe à toutes les étapes. On sent ce qui se passe dans son corps, on a des douleurs plus ou moins fortes, on voit les caillots qu'on élimine. Tout le monde n'en a pas la force. Certains prétendent que c'est plus facile, ce qui est discutable. Il faut reconnaître en tout cas que le choix est souvent orienté par les habitudes et les médecins de chaque équipe.

À titre d'exemple, dans le centre de Bondy, en banlieue parisienne, il se pratique chez les mineures 53 % d'IVG par aspiration et 46 % par RU 486.

Cela dépend aussi et surtout de la façon dont cet événement se passe pour la jeune fille, du soutien dont elle bénéficie et de la possibilité qu'elle a de dire toutes les peurs et les angoisses que l'IVG suscite chez elle.

Est-ce qu'il y a des risques pour la fertilité ?

L'IVG légalisée et médicalisée dans de bonnes conditions ne pose pas de problèmes sur ce plan, sauf s'il y a eu une infection. C'est pour cette raison que le dépistage des MST avant l'IVG est si important et que la visite de contrôle est impérative.

Les jeunes femmes que nous voyons à nos consultations après l'IVG nous donnent à voir et à entendre leurs réactions, même si elles ne sont pas toutes très bavardes à propos de ce qu'elles ont vécu. Il faut souvent plus de temps. Soulagées de savoir que tout va bien, elles posent des questions sur la contraception. Elles sont maintenant motivées et certaines disent « plus jamais ça ». Certaines se sentent plus mûres depuis leur IVG.

J'ai une copine qui a déjà fait deux IVG. Est-ce que beaucoup de femmes en font plusieurs fois ?

Les statistiques sur les IVG à répétition montrent qu'elles sont plus fréquentes quand la première a eu lieu avant 20 ans. Chez les jeunes femmes qui recommencent, on retrouve des problèmes sociaux, des problèmes psychologiques mais aussi un vrai désir d'enfant. Certaines finissent par avoir un bébé.

? *Y a-t-il des conséquences sur le plan psychologique ?*

Tout dépend de la façon dont cette histoire se déroule. Il y a des jeunes femmes qui vivent l'événement avec une certaine froideur, comme si elles n'étaient pas vraiment concernées. Elles foncent, la décision n'est pas discutée. Il se peut qu'elles ne réalisent qu'après coup ce qui leur est arrivé et que cette prise de conscience soit une souffrance. Ce n'est pas pour autant qu'elles s'autorisent à en parler. Souvent, cette souffrance, cette culpabilité seront enfouies et ressortiront plus tard. Par exemple quand elles seront enceintes quelques années après, elles seront très inquiètes des traces et des risques que peut faire peser cet « antécédent », comme disent les médecins, sur une grossesse à laquelle elles tiennent tant.

Il est assez courant que la survenue d'une grossesse bouleverse la relation amoureuse, surtout si cette dernière est récente et encore fragile. La décision de l'IVG peut être prise par la jeune femme toute seule. Il arrive qu'elle choisisse de ne pas le dire à son ami, pour se sentir plus libre de sa décision. Dans certains cas, c'est le garçon qui exclut toute discussion et s'installent une rancune, un ressentiment qui vont laisser des traces : on en veut à son partenaire, comme si on le rendait coupable de la situation. Quelquefois, c'est l'incompréhension mutuelle et la rupture. Quand la relation est plus solide, on peut dépasser ce moment toujours difficile à vivre.

Autrefois, quand l'avortement était illégal, les risques médicaux étaient si grands que la culpabilité pouvait parfois être moins consciente. Aujourd'hui, avec la contracep-

tion, certaines femmes peuvent se sentir encore plus culpabilisées d'en être arrivées là. C'est cependant moins vrai pour les adolescentes que pour leurs aînées.

Dans les centres qui proposent une bonne prise en charge, des lieux de parole avant et après l'IVG, beaucoup de jeunes femmes rebondissent et se sentent mûries par ce qui leur est arrivé.

Chapitre 5

La consultation de gynéco

La consultation de gynécologie n'est pas une consultation comme les autres. Vous y venez pour vous rassurer, pour vous informer, pour utiliser une contraception ou pour parler de vos problèmes intimes. On y pratique dépistages et prévention, et on y traite les maladies gynécologiques, bien sûr. Ce n'est pas une consultation comme les autres également, parce que, dans cette relation au long cours que vous établissez avec votre gynéco, c'est une relation à votre féminité que vous construisez, même si vous changez de vie amoureuse, même si vous changez de gynéco.

La première consultation de gynécologie, beaucoup d'adolescentes la redoutent. Elles ont peur d'avoir mal, elles ont honte de montrer cette partie intime d'elles-mêmes qu'on leur a toujours appris à cacher. Certaines nous disent encore après chaque examen que vraiment elles n'aiment pas « ça ». Ce n'est pas que ce soit douloureux, mais...

À quel âge et pourquoi faut-il voir la gynéco ?

On ne peut parler d'âge de façon générale, il s'agit d'un moment particulier pour chacune d'entre vous. Les mères nous demandent souvent : « Dois-je vous amener ma fille, elle vient d'avoir ses règles » ? L'apparition des règles n'est pas une maladie mais le coup d'envoi de la puberté. Elles surviennent entre 11 et 15 ans, parfois plus tôt, parfois plus tard. Si tout va bien, une consultation de gynécologie est inutile.

Par contre, si vous avez des soucis avec vos règles, des douleurs excessives, des saignements en dehors des règles, des pertes blanches inhabituelles, si vous avez mal au sexe, au ventre, si vous ressentez quoi que ce soit d'anormal, alors oui, il faut voir la gynéco.

La visite chez la gynéco

Le mot gynécologie vient du grec : *guné* signifie femme ; *logos*, science. La gynécologie se consacre au fonctionnement de l'appareil génital de la femme et à ses maladies spécifiques. Elle fait l'objet d'une spécialisation après les études de médecine. Le médecin gynécologue est souvent une femme, mais pas toujours.

La gynécologue vous interroge pour bien connaître vos particularités et procède à des examens. Nous allons voir dans ce chapitre comment se déroule une consultation de gynécologie. Pour se donner plus de courage, on peut se faire accompagner par une amie, une sœur, un copain, ou venir avec sa mère. Mais, on n'est pas obligée de voir la gynéco de sa mère.

▸ L'interrogatoire médical

Après avoir enregistré vos nom, prénom, adresse, date de naissance, la gynéco vous demande pourquoi vous venez la voir. Certaines adolescentes n'osent pas dire tout de suite le motif de leur consultation.

Mieux vaut informer la gynéco qu'il s'agit d'une première consultation. Ainsi, elle sera plus à l'écoute de vos craintes et de vos appréhensions et pourra mieux vous aider à vaincre vos inquiétudes.

Ensuite, elle vous interroge : à quel âge avez-vous eu vos premières règles, quelle est leur durée, quelle est la longueur de vos cycles menstruels (un cycle se compte du premier jour des règles au premier jour des règles suivantes quelle que soit la durée des règles). À ce propos, il est rare que les très jeunes filles aient des cycles réguliers au début, il ne faut donc pas s'en inquiéter.

Vos règles sont-elles douloureuses ? Avez-vous mal au ventre en dehors des règles ? Avez-vous des pertes qui brûlent, qui irritent ? Vous plaignez-vous de quelque chose ? Elle pose aussi des questions sur vos activités scolaires et sportives, ainsi que sur votre santé. Quelles maladies avez-vous eues ? Avez-vous subi des interventions chirurgicales ? Vos parents ont-ils eu des maladies graves ?

Avant de vous examiner, elle vous demande si vous avez eu des rapports sexuels et si vous utilisez des tampons vaginaux. Si vous avez des rapports, elle vous interroge sur votre contraception : ce n'est pas par indiscrétion mais pour savoir comment elle va vous examiner.

? *Comment être sûre qu'elle ne dira rien à personne ?*

Le secret médical existe chez les gynécologues comme chez tous les médecins. Ce qui est dit au cours de la consultation reste confidentiel. Et même si votre mère ou votre sœur se font suivre par la même gynéco, votre dossier reste secret.

? *Est-ce qu'elle me répondra si, moi, je pose des questions ?*

L'interrogatoire médical n'est pas seulement une suite de questions auxquelles vous êtes obligée de répondre du tac au tac comme pour réussir un examen. C'est plutôt une sorte de conversation. Vous y avez votre place. Par exemple, certaines questions peuvent vous rappeler un souvenir oublié que vous avez envie d'évoquer ; la gynécologue vous écoutera. Vous pouvez aussi lui demander la raison de tel examen, de telle prescription ; elle vous répondra, bien sûr.

▸ L'examen gynécologique

Pour cet examen, vous devrez vous déshabiller complètement. Ce n'est pas facile d'être nue sous un regard étranger, mais c'est nécessaire pour que la gynéco voie si votre développement est harmonieux, si vous avez des kilos en trop ou en moins, si vous avez des boutons, si votre pilosité est normale, si vous avez des vergetures récentes, si vos seins ont terminé leur croissance, en un mot si vous semblez en bonne santé. Chaque partie de votre corps raconte un peu l'histoire de vos hormones. Puis la gynéco vous pèse et commence son examen.

Il consiste à examiner les seins, l'appareil génital externe et interne. La gynéco vérifie l'état du col utérin et du vagin grâce au spéculum, instrument qui permet de voir à l'intérieur du vagin. Elle examine les organes génitaux internes en mettant son doigt recouvert d'un gant à l'intérieur du vagin : c'est le toucher vaginal.

Lorsque la gynéco examine vos seins, elle les regarde, les palpe et presse doucement les mamelons. Elle vérifie ainsi qu'il n'y a aucun écoulement dû à un trouble hormonal. Elle cherche aussi les ganglions dans les aisselles.

(?) *On peut trouver des choses graves dans les seins ?*

À votre âge, il y a essentiellement des pathologies bénignes du sein, et encore elles sont rares. La gynéco peut découvrir une petite boule qui est un fibroadénome du sein : c'est une grosseur faite de tissu glandulaire et fibreux, ferme, indolore. Une échographie du sein est demandée pour bien le mesurer. L'échographie se pratique avec une sonde à ultrasons que le radiologue promène à la surface du sein. Cela ne fait absolument pas mal. Si le fibroadénome grossit ou s'il déforme le galbe du sein, il faudra l'opérer.

Un autre type de boule est le kyste du sein : il est exceptionnel chez les adolescentes. Dans ce cas, la grosseur est remplie de liquide.

L'abcès du sein est tout aussi bénin, mais beaucoup plus douloureux. Il apparaît comme une grosseur rouge, enflammée qui fait très mal. L'abcès se traite par des soins locaux et des antibiotiques, mais il doit parfois être incisé. C'est pourquoi il faut éviter tout ce qui peut infecter le sein : par exemple le triturage des boutons ou des poils.

▸ La table d'examen

Pour l'examen gynécologique, la gynéco vous demande de vous installer sur la table d'examen. C'est un lit étroit, trop court pour que l'on puisse s'y allonger complètement. Il est éclairé par une lumière vive. La première fois, la gynéco vous aide à y placer votre corps, de la tête aux fesses, vos pieds posés sur des étriers. Vos jambes sont fléchies et légèrement écartées. Cette position, qu'on appelle la « position gynécologique », est souvent ressentie comme désagréable et même humiliante, car on expose son intimité physique. Mais elle est la seule valable pour un examen correct.

La gynéco examine tout d'abord votre vulve (voir anatomie de la vulve p. 23 et 28).

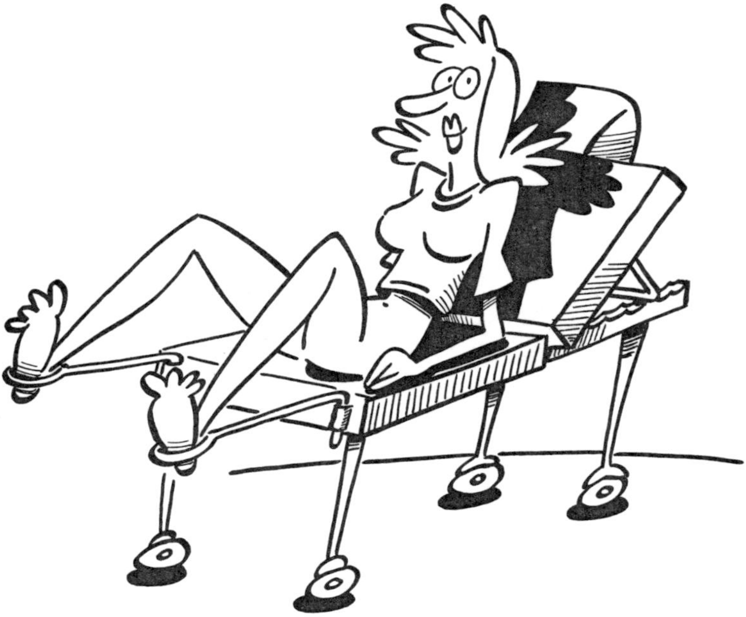

L'examen au spéculum

Le mot spéculum n'a rien à voir avec le mot spéculer : *speculum* signifie miroir en latin. Il désigne un instrument qui sert aux gynécos pour observer l'intérieur d'une cavité, le vagin. Il existe aussi des spéculums pour le nez et les oreilles. Actuellement, la plupart des spéculums ne sont pas en métal poli servant de miroir, ils sont en matière plastique et jetables. Le spéculum, qui a la forme d'un bec de canard, permet d'examiner le vagin et le col de l'utérus.

Cet objet dur et froid introduit à l'intérieur du corps peut faire peur, et la sensation n'est pas vraiment agréable. Pourtant, sa mise en place ne fait pas mal. Le spéculum est lisse, et la gynéco choisit celui dont la taille est la mieux adaptée à celle de votre vagin. L'instrument est tiédi, puis introduit doucement dans le vagin, dont il écarte les parois afin que le médecin puisse voir le col de l'utérus.

Le col est la seule partie visible de l'utérus. Si vous êtes curieuse de vous connaître, certaines gynécos acceptent de vous le montrer avec un petit miroir. Vous pouvez même le sentir vous-même au fond de votre vagin avec votre doigt. C'est une petite boule située tout au fond, plus ferme que le reste du vagin ; elle a un peu la consistance du bout du nez.

Quand une fille n'a jamais eu de rapport sexuel, on ne lui fait pas ce genre d'examen, sauf si elle a une infection du vagin. On utilise alors un spéculum spécial. Pour celles qui ont à peine commencé leurs relations sexuelles et qui ne sont pas prêtes à se faire examiner, on peut toujours attendre la consultation suivante. Si on se contracte trop ou qu'on a trop peur, l'examen est impossible. La gynécologue recherche alors avec sa patiente pourquoi son corps proteste si fort.

Pour être moins contractée

Laissez aller vos jambes sur les côtés sans les rapprocher, appuyez bien vos fesses sur la table gynécologique sans les contracter et poussez un peu comme pour aller à la selle. Cela permet d'ouvrir naturellement l'entrée de votre vagin et facilite la mise en place du spéculum.

C'est pendant l'examen au spéculum que la gynéco prélève les pertes du vagin pour un examen au microscope et pratique des frottis.

Le frottis

Le frottis permet de prélever les cellules du col et de l'endocol afin de les examiner. On le nomme aussi frottis de dépistage, car il permet de dépister des anomalies des cellules, de les traiter et d'éviter ainsi qu'elles ne s'aggravent. Le frottis se fait en « frottant » le col avec une spatule en bois et l'endocol avec un petit écouvillon, une sorte de petite brosse en Nylon. On ne frotte pas fort et ça ne fait pas mal.

La gynéco étale ses prélèvements sur des lames, les fixe avec un spray pour les conserver intacts, puis les lames sont envoyées dans un laboratoire spécialisé en cytologie. L'examen cytologique étudie l'aspect des cellules. Il est différent de l'examen bactériologique, qui identifie les germes. Le cytologiste examine les noyaux des cellules – chaque cellule est constituée d'un noyau au sein d'un cytoplasme entouré d'une fine membrane – pour savoir s'ils sont normaux.

Dans certains cas il retrouve des anomalies appelées koïlocytes, dues à des virus, les papillomavirus ou HPV (à ne pas confondre avec le HIV, virus du sida, voir p. 203). Ces virus sont très contagieux. Ils se transmettent au cours des rapports sexuels. Ils se logent au cœur des cellules, dans leur noyau, et les transforment petit à petit jusqu'à ce qu'elles deviennent précancéreuses. Comme cela prend des années, on a tout le temps d'agir avant. Si le frottis est anormal, on pratique une colposcopie et des biopsies du col.

Le colposcope ressemble à de grosses jumelles. Il permet d'observer le vagin et le col avec un fort grossissement. Les lésions sont alors bien visibles, et on en prélève un fragment à l'aide d'une pince à biopsie. Les biopsies sont envoyées chez un anatomo-pathologiste, qui étudie l'organisation architecturale du morceau de tissu prélevé. L'examen anatomo-pathologique est plus précis que le simple frottis, il offre un diagnostic sûr et permet de choisir un traitement.

Est-ce que ça fait mal lorsqu'on fait le prélèvement ?

Non. La pince est fine, les fragments sont petits et le col est peu sensible car il est peu innervé, contrairement au vagin qui, lui, est hypersensible.

Faut-il faire des frottis régulièrement ?

Les frottis réguliers servent à prévenir le cancer du col de l'utérus. Il faut les pratiquer dès le début de la vie sexuelle. Les femmes très jeunes ont moins de défenses immunitaires et un certain nombre de comportements les rendent encore plus vulnérables. La précocité des rapports sexuels, le fait d'avoir plusieurs partenaires sexuels sans se protéger, le tabac sont ce qu'on nomme des « facteurs de risques » au HPV.

Le rythme des frottis est variable selon l'âge, l'état du col, la normalité des frottis précédents. Chez les adolescentes qui prennent des risques, un frottis annuel semble raisonnable.

Les frottis anormaux sont-ils courants ?

→ *Elsa vient consulter en urgence, affolée. On lui a dit que dans son frottis il y avait des cellules cancéreuses, qu'elle avait attrapé des virus à cause de rapports non protégés. On lui a parlé d'une « vapo laser ». Elle est prête à accuser son copain, à le quitter.*

Il faudra plus d'une consultation pour la calmer et la convaincre que le cancer est rarissime chez les filles de son âge. Ce rayon laser est un bistouri optique qui agit sur une surface très petite avec une grande précision. Il est utilisé en chirurgie. Le laser sert à détruire les cellules anormales du col en les brûlant. La vaporisation laser est un mode de destruction plus superficiel pour les lésions légères. On fait ensuite une surveillance régulière par frottis et colposcopie, pour vérifier que les HPV ont bien été détruits.

L'ami d'Elsa n'est pas forcément en cause, car elle-même a pu contracter le virus avant de le rencontrer. En effet, ces virus peuvent vivre longtemps dans les cellules avant de se manifester. Cependant, quand on trouve des papillomavirus chez la femme, il faut les rechercher également chez l'homme.

L'histoire d'Elsa montre que les médecins ne sont pas toujours conscients de l'impact de leurs paroles. Il leur arrive de ne pas donner des explications suffisamment claires. Il ne faut pas hésiter à poser des questions si on a des doutes ou bien à aller voir un autre spécialiste.

▸ L'examen au microscope

Si vous vous plaignez de pertes blanches anormales ou si votre vagin est irrité, la gynéco prélève un peu de sécrétions vaginales avec un Coton-tige ou une spatule. Ça ne fait pas plus mal que si on vous prenait de la salive dans la bouche. Le prélèvement est mis entre une lame et une lamelle pour être examiné au microscope. La mycose (un champignon), le trichomonas (un parasite) et même l'hémophilus (un germe) se voient bien au microscope, qui peut faire partie du matériel du cabinet médical. Elle apprécie également le degré d'infection et l'état de la flore vaginale.

Certains germes ne sont pas visibles à l'examen direct au microscope. C'est pourquoi la gynéco vous envoie au laboratoire pour un examen bactériologique. C'est ainsi qu'au cours de l'examen gynécologique se dépistent les MST (maladies sexuellement transmissibles). Le biologiste effectue des prélèvements du vagin, du col et parfois de l'urètre. Il étudie les bactéries, les germes infectieux, il en mesure la quantité (c'est la numération des germes), il les cultive dans des « milieux de culture ». Quand les bactéries sont identifiées, il établit si c'est nécessaire un antibiogramme, qui permet de prescrire l'antibiotique efficace.

▸ Le toucher vaginal

Certaines gynécologues commencent par le toucher vaginal, d'autres par l'examen au spéculum, cela dépend de leurs habitudes. Pour la gynéco, il ne s'agit pas seulement de « toucher le vagin ». Le but de l'examen est de percevoir, en les touchant, les organes génitaux internes : l'utérus et les ovaires.

Pour pratiquer le toucher vaginal, la gynéco met un gant en plastique fin ou un gant à deux doigts, un doigtier vaginal. Elle écarte doucement les petites lèvres et introduit son index dans le vagin. Elle vérifie que les parois sont normales et repère le col utérin. Avec son autre main, elle palpe en même temps le ventre : elle apprécie la taille, la forme et la position de l'utérus. Pour qu'elle le sente bien, votre vessie doit être vide. C'est pour cette raison qu'on vous demande d'aller uriner juste avant l'examen.

La gynéco cherche ensuite à percevoir les ovaires en déplaçant en même temps la main qui est sur le ventre et celle qui est dans le vagin. Entre l'utérus et l'ovaire, de chaque côté, se trouvent les trompes. Mais on ne les sent pas au toucher vaginal quand elles sont en bon état.

Voilà, l'examen gynécologique que vous redoutiez tant est terminé. Il n'a pas été douloureux. Nous ressentons souvent votre soulagement : vous avez franchi une étape, vous êtes reconnue comme « normale ».

Pourquoi consulter

Si quelque chose vous inquiète ou vous fait mal, consultez. Il vaut mieux parler de la douleur. Il existe des médicaments appropriés pour chaque douleur, celle des règles par exemple, mais il ne faut pas oublier que la douleur est l'expression du corps qui dit : « quelque chose ne tourne pas rond ».

On entend très souvent des gens répondre à quelqu'un qui se plaint d'une douleur : « Tout ça, c'est dans la tête ». Qu'est-ce que cela signifie ? S'il s'agit de dire que tout conflit psychique peut avoir un retentissement sur le corps ou que toute maladie s'accompagne d'une inquiétude psychologique, c'est vrai.

Mais il serait illusoire de penser qu'en agissant uniquement sur l'esprit, la maladie disparaîtra. Cette attitude peut cacher une angoisse si forte de la maladie physique qu'on la nie ; en la niant ainsi, on peut négliger un signe d'alarme sérieux. L'idéal est de pouvoir parler à la gynéco à la fois de ses symptômes physiques et des situations psychologiques qui les accompagnent.

▸ Les troubles des règles

Les premières consultations sont souvent motivées par des problèmes liés aux règles, qui sont plus ou moins douloureuses, plus ou moins abondantes. Ces problèmes peuvent révéler des déséquilibres hormonaux, des perturbations d'ordre psychologique et, très rarement, des maladies plus graves.

J'ai des copines qui ont tellement mal au moment des règles qu'elles sont obligées de rester au lit. Pourquoi ?

Juste la veille ou le premier jour des règles, il est fréquent de ressentir une sorte de lourdeur, de chaleur, de tension dans le bas-ventre ou dans le bas du dos, ainsi qu'un peu de fatigue. À cette période, l'utérus et même l'intestin sont congestionnés par la chute des hormones en fin de cycle. Puis le muscle utérin se contracte pour chasser le flux menstruel.

Les substances qui permettent à l'utérus de se contracter se nomment les prostaglandines. Lorsqu'elles sont en quantité normale, l'utérus se contracte sans occasionner de douleurs et les règles se passent sans histoire. Mais, s'il y a trop de prostaglandines, les contractions de l'utérus sont plus violentes et provoquent des coliques utérines qui rendent les règles très douloureuses. Le fait d'avoir des règles très douloureuses est appelé **dysménorrhée.** La dysménorrhée semble se manifester avec l'apparition des ovulations.

Y a-t-il des moyens de ne pas avoir mal pendant les règles ?

Oui, il existe deux sortes de médicaments : ceux qui agissent contre les prostaglandines et ceux qui suppriment l'ovulation.

Les médicaments anti-inflammatoires sont des anti-prostaglandines. Ils diminuent l'intensité des contractions utérines, donc la douleur. Ce sont les plus efficaces pour calmer les douleurs des règles.

Les pilules contraceptives suppriment l'ovulation et préviennent ainsi plus de 90 % des dysménorrhées.

Il existe encore des petits remèdes : les tisanes, le massage du ventre, le yoga, les bouillottes des grands-mères. Si on sait se décontracter en relâchant tous ses muscles et en respirant bien pour s'oxygéner, on peut réussir à atténuer sinon à supprimer la dysménorrhée. Mais ça ne marche pas toujours.

La dysménorrhée guérit généralement à l'âge adulte, mais 20 à 30 % des femmes continuent à en souffrir. Dans quelques cas, on a mal au ventre pendant les règles de mère en fille. La façon dont la mère a averti sa fille, la façon dont elle a accueilli ses règles, la façon dont elle-même les vit, tous ces éléments peuvent influencer sa fille. Mais ce n'est pas une fatalité pour autant.

Et qu'est-ce que ça veut dire quand on saigne en dehors des règles ?

Pour les médecins, ce sont des **métrorragies.** Elles peuvent être dues à un déséquilibre hormonal (voir cycle menstruel ou trouble hormonal, p. 34) fréquent à l'adolescence. Mais il existe d'autres causes que la gynéco doit rechercher : une infection du vagin, du col ou des trompes, ou bien la prise de médicaments qui perturbent le cycle.

Il arrive aussi qu'on ait des saignements anormaux sous pilule, soit en cas d'oubli ou de retard de prise, soit parce que le dosage de la pilule n'est pas adapté. Parlez-en toujours au médecin. Enfin, les métrorragies peuvent signaler le début d'une grossesse à problèmes.

? *Pourquoi a-t-on des hémorragies avec des caillots de sang ?*

Vous avez vu que l'écoulement menstruel ne ressemble pas au sang qui circule dans le corps. Le sang d'une coupure finit par coaguler et cela lui permet de s'arrêter de couler. Le sang des règles est beaucoup plus riche en eau et ne coagule pas à l'extérieur. Il est produit par les vaisseaux de la muqueuse utérine, qui le libèrent en se rompant en fin de cycle. Il contient également les débris de cette muqueuse. Au moment de la rupture des vaisseaux utérins, le sang coagule sous forme de caillots à l'intérieur de l'utérus. Mais il ne coagule qu'une fois, car des substances sécrétées par la muqueuse le liquéfient. C'est donc à l'état liquide que la menstruation traverse le col pour s'écouler dans le vagin, puis à l'extérieur.

Quand les règles sont anormalement abondantes, le sang s'évacue si rapidement qu'il échappe à l'action des substances liquéfiantes et qu'il coagule dans le vagin en caillots plus ou moins gros. Les règles très abondantes – quand on est obligée de changer ses protections au bout d'une à deux heures – se nomment **ménorragies.** À votre âge, elles sont généralement causées par un épaississement anormal de la muqueuse utérine, lié à un déséquilibre entre œstrogènes et progestérone. Parfois, les règles hémorragiques révèlent un défaut de coagulation que l'on retrouve à la prise de sang.

Et quand les règles ne viennent pas, qu'est-ce que ça signifie ?

L'absence de règles s'appelle **aménorrhée.** On parle d'**aménorrhée primaire** quand on n'a jamais eu de règles. Certaines jeunes filles grandes et minces auront leurs règles autour de 16 ans.

Dans des cas rares, il existe une imperforation hyménéale, c'est à dire un hymen fermé qui ne présente pas d'ouverture pour laisser s'écouler le sang des règles. Ce problème se résout définitivement par une petite incision chirurgicale de l'hymen.

Dans des cas encore plus rares mais beaucoup plus graves, l'aménorrhée est due à une maladie hormonale ou à une malformation importante de l'appareil génital ou de l'hypophyse.

Quand les règles s'arrêtent après une période de cycles normaux, on parle d'**aménorrhée secondaire.**

La première cause de l'arrêt des règles est la grossesse. Les adolescentes y pensent tout de suite si elles ont eu des rapports sans précautions contraceptives. Dans des cas exceptionnels, une fille vierge peut être enceinte en l'absence de toute pénétration vaginale. Il suffit que le sperme soit éjaculé près de l'orifice vulvaire, que la glaire d'ovulation soit de bonne qualité pour permettre aux spermatozoïdes de remonter jusqu'au col puis vers les trompes, où l'ovule les attend.

Une grossesse peut s'ensuivre, mais il faut beaucoup de hasards pour que cela arrive. Si vous avez le moindre doute, vous pouvez acheter un test de grossesse en pharmacie, c'est en vente libre, sans ordonnance. Ce test, qui se pratique sur vos urines, permet de retrouver l'hormone de grossesse, la bêta-HCG.

Vous n'êtes pas enceinte et vos règles n'arrivent pas : c'est que les ovaires, en arrêt de travail, ne fabriquent plus assez d'œstrogènes pour faire pousser la muqueuse utérine et ne pondent plus d'ovules. On appelle cela **anovulation.**

? *Quelles en sont les causes ?*

On a vu (p. 46) qu'on pouvait avoir ses règles sans avoir d'ovulation. À l'inverse, quand on n'a pas ses règles et qu'on n'est pas enceinte, c'est qu'on n'a pas ovulé.

L'anovulation peut être due à certaines maladies de l'ovaire. Elle s'accompagne alors de troubles hormonaux visibles tels qu'acné, séborrhée, prise de poids, vergetures pourpres : il s'agit de dystrophies ovariennes. Les dosages hormonaux et l'échographie pelvienne en font le diagnostic. Le traitement est hormonal. Des causes très rares sont les maladies de l'hypophyse et des glandes surrénales.

Le plus souvent, l'anovulation est passagère. Des chocs émotionnels ou physiques, des peurs intenses, des conflits affectifs graves bloquent les hormones de l'hypothalamus et de l'hypophyse, qui n'envoient plus leurs stimulines à l'ovaire. Ce dernier sécrète encore des œstrogènes en plus ou moins grande quantité, mais il n'ovule plus.

Beaucoup d'adolescentes ont un arrêt de leurs règles lors d'un séjour à l'étranger ou lors d'une séparation de leur milieu familial.

→ *Caroline a quitté les siens pour finir ses études à Paris. Depuis, elle est très mal réglée. Mais, chaque fois qu'elle revient à la maison, ses règles reprennent.*

En prison, la plupart des femmes n'ont plus leurs règles.

Parfois, il suffit de perdre brusquement quelques kilos pour ne plus ovuler car la femme a besoin d'un équilibre entre sa masse musculaire et son tissu graisseux. Les joggeuses, les athlètes de haut niveau n'ont plus leurs règles. Les jeunes danseuses de l'Opéra qu'on oblige à maigrir pour passer un concours sont en aménorrhée tant qu'elles n'ont pas repris leur poids, on l'a vu. Chacune a un poids au-dessous duquel l'ovaire refuse de fonctionner. Alors, attention à ces régimes qui font perdre trop de kilos trop rapidement.

Le refus de manger pour perdre du poids se nomme **anorexie** (voir « le poids », p. 55). Cette maladie est due à de graves troubles psychologiques qui entraînent l'arrêt des règles. Une perte de poids spectaculaire suit. Bien que la jeune fille soit amenée à consulter une gynécologue, le traitement n'est pas gynécologique mais psychothérapique. En effet, dans ce cas, ce qui est important ce n'est pas de récupérer ses règles mais de dénouer les conflits qui mettent l'adolescente en danger.

? *Les pertes blanches ont-elles un rapport avec les règles ? Est-ce normal d'en avoir beaucoup ?*

Les pertes blanches proviennent des sécrétions du vagin. Tout comme les règles, elles dépendent du cycle hormonal. Déjà avant d'avoir ses règles, la fillette découvre un dépôt blanc jaunâtre dans sa petite culotte : ce sont ses premières pertes blanches. Les pertes blanches sont les sécrétions normales du vagin. La cavité vaginale est tapissée d'une muqueuse dont les cellules se renouvellent tout au long du cycle sous l'influence des hormones. Les pertes blanches sont constituées par les cellules qui s'éliminent chaque jour.

Ainsi, le vagin est normalement humide tout le temps, plus ou moins comme l'intérieur de la bouche. Un vagin sain possède des moyens de défense contre l'infection : ce sont les lactobacilles, ou bacilles de Döderlein, qui lui assurent une acidité normale (pH 4,5) et une protection contre les germes. Grâce à ces bacilles, la plupart des germes restent inoffensifs. Quand ils manquent, quand le vagin devient trop acide, une mycose peut s'y développer.

Des pertes d'une autre sorte mouillent aussi le vagin : c'est la **glaire** du milieu du cycle. Cette glaire, sous la dépendance des œstrogènes, ressemble à du blanc d'œuf cru, elle est transparente et élastique, presque incolore, et empèse le linge.

Les pertes blanches normales sont crémeuses, lisses, ont une odeur légèrement acidulée, comme celle du yaourt. Elles sont vraiment blanches à l'intérieur du vagin, mais elles deviennent jaunâtres en s'oxydant à l'extérieur. Plus ou moins abondantes selon les femmes, les pertes blanches sont en tout cas normales et ne traduisent pas une infection vaginale.

Mais, **si vos pertes blanches changent d'aspect**, si elles deviennent épaisses, caillebottées (comme du fromage blanc avec des grumeaux), malodorantes ou colorées, si elles brûlent, démangent ou irritent, **n'attendez pas pour consulter.** Consultez également si des boutons, des coupures, des rougeurs persistantes apparaissent sur votre vulve.

Le mal de ventre

Il n'est pas toujours d'origine gynécologique. Beaucoup viennent consulter avec ce seul symptôme. Elles ont peur d'une affection gynécologique. Elles disent « j'ai mal au ventre » en désignant leur bas-ventre et décrivent des douleurs ressemblant à des crampes, des brûlures, une sensation de pesanteur, bref... ça fait mal.

Mais qu'est-ce qui fait mal ? Les organes génitaux internes, l'utérus, les ovaires, les trompes, sont dans la cavité pelvienne avec les autres organes du petit bassin. Séparés par le péritoine, l'intestin et la vessie en sont tout proches.

Alors, la gynéco pose des questions sur l'état général, le moment de l'apparition de la douleur, son rythme par rapport aux règles, son intensité, si elle réveille la nuit, si elle oblige à rester couchée. Elle pratique un examen gynécologique à la recherche d'une maladie. Si elle ne trouve rien, elle peut demander une échographie pelvienne pour vérifier qu'il n'y a rien de grave.

▸ La cystite

Le « mal de ventre » provoqué par la cystite se manifeste par des brûlures en urinant et souvent par une douleur plus ou moins intense au niveau de la vessie. On a de fortes et fréquentes envies d'uriner et pourtant on ne parvient qu'à émettre quelques gouttes qui brûlent au passage de l'urètre.

Dans certains cas, on ne remarque aucun trouble urinaire. Pourtant les urines sont troubles, la vessie est douloureuse à l'examen. La gynéco peut faire pratiquer un examen des urines pour traiter une cystite au plus vite.

La cystite n'est pas une infection génitale, elle ne se transmet pas au cours des rapports. Il s'agit d'une infection urinaire provoquée le plus souvent par un bacille qui touche la vessie et son petit canal, l'urètre. Il s'agit du colibacille (*Escherichia coli*), qui vit dans l'intestin sans lui causer de dommages. Il y en a également dans les voies urinaires mais s'ils se mettent à pulluler, la vessie ne le supporte pas et s'infecte : c'est une cystite.

L'orifice de l'urètre est placé tout près de l'orifice du vagin, en haut, bien au-dessous du clitoris. Les orifices de la vulve étant proches les uns des autres, le colibacille peut facilement transiter de l'un à l'autre. Quand les urines sont très infectées, elles sentent mauvais et contiennent du sang.

? *Est-ce qu'on a une cystite par manque d'hygiène ?*

Cela peut expliquer certaines cystites de la petite fille qui ne sait pas encore se laver (voir p. 24), mais ce n'est pas la seule raison. Une fragilité individuelle, un urètre morphologiquement placé trop près de l'orifice du vagin, un nombre anormalement élevé de colibacilles peuvent en être la cause.

Bien que la cystite ne soit pas une maladie sexuellement transmissible, elle peut être favorisée par les rapports sexuels. On l'appelait autrefois la cystite des jeunes mariées. En effet, pendant le rapport sexuel, le sexe de l'homme exerce un frottement sur la paroi qui sépare le vagin de la vessie. Or cette paroi est fine et fragile chez certaines femmes. Si leurs moyens de défense sont affaiblis, si les colibacilles sont trop nombreux, la vessie s'infecte et la cystite s'installe.

Si vous êtes sujette aux brûlures en urinant, voici quelques règles simples qui permettent d'améliorer la situation. Uriner avant le rapport sexuel car une vessie vide est moins tendue donc moins fragile, et l'absence d'urine empêche le développement des germes. Uriner après le rapport pour chasser les bactéries. Boire ensuite pour que les urines ne soient pas concentrées. En règle générale, ne pas se retenir trop longtemps quand on a besoin d'uriner. Si vous transpirez beaucoup l'été, ou après le sport, pensez à boire pour diluer vos urines : elles seront moins susceptibles de s'infecter.

Une cystite ne doit pas être traitée à la légère : elle peut se transformer en pyélonéphrite (infection des reins), avec de la fièvre, des frissons, des douleurs au niveau des reins.

Elle se soigne très bien. Le traitement démarre tout de suite en cas d'urgence. Sinon, le médecin prescrit un ECBU (examen cytobactériologique des urines) et un antibiogramme pour prescrire l'antibiotique adéquat. Mais, chez certaines femmes, la cystite peut récidiver.

Conseil

Si un jour vous perdez du sang et que vous ne savez pas très bien si ce sang provient de la vessie ou du vagin, faites le test du tampon. Mettez une petite protection interne. Si elle est tachée, le sang vient du vagin, forcément ; si votre culotte est tachée, c'est qu'il vient de la vessie. Lorsqu'on a des brûlures en urinant, il est souvent difficile de savoir s'il s'agit d'une cystite ou d'une inflammation de la vulve, car les urines qui sont acides brûlent au passage la vulve irritée.

▸ Les troubles intestinaux

Si la douleur est localisée à droite, si elle s'accompagne de troubles digestifs récents, si l'appendice est douloureux à la palpation, c'est peut-être une appendicite. L'avis du chirurgien est demandé. Mais le plus souvent ce n'est pas une appendicite, ce sont de simples troubles intestinaux. S'il y a ballonnements, diarrhée ou constipation, vomissements, si la douleur prend tout le ventre et remonte jusqu'à l'estomac, il s'agit d'une banale gastro-entérite. Dans ce cas, la douleur n'est pas localisée, elle se promène dans tout l'intestin.

Parfois il y a juste une sensation de coups d'aiguille dans le ventre ici et là, très douloureuse. C'est sans doute une crise de **colite**. La palpation réveille une douleur en un ou plusieurs endroits de votre intestin contracté. On parle de spasmes intestinaux ou de colite spasmodique. Cela ne signifie pas que l'intestin est malade. Il réagit simplement à l'anxiété, à la tension nerveuse ou à un mode de vie qui ne convient pas à ce moment-là.

Souvent, les petites filles ont mal au ventre quand elles sont contrariées ou quand elles ne veulent pas aller à l'école. La douleur reste un signal d'alarme, même chez les adultes. Soyez-y attentive.

▸ Le mal au ventre d'origine gynéco

Enfin, ce qui fait mal au ventre, ce sont des maladies gynécologiques retrouvées au toucher vaginal. Il s'agit soit de maladies d'origine infectieuse, comme les salpingites (voir p. 197) soit d'anomalies de l'ovaire et de l'utérus également perçues au cours de l'examen gynécologique.

Le kyste de l'ovaire

Un ovaire peut être plus gros que la normale et douloureux à l'examen. La gynéco pense alors à un kyste. C'est une sorte de poche à contenu liquide, semi-liquide ou solide située dans l'ovaire. Pour préciser la nature du kyste, on fait une échographie pelvienne.

L'échographie ou sonogramme pelvien permet de voir l'intérieur du ventre grâce à des ultrasons. L'échographiste promène sur le ventre la sonde à ultrasons et capte les échos qu'elle renvoie sur un écran, comme un écran de télévision. Quand c'est possible, il introduit une petite

Les kystes

Il existe deux sortes de kystes, les kystes organiques et les kystes fonctionnels.

Les kystes organiques sont souvent d'origine embryonnaire, c'est-à-dire qu'ils se sont constitués sur votre ovaire quand vous étiez encore dans le ventre de votre mère. On les appelle kystes dermoïdes. Ce sont des tumeurs bénignes, solides, qui contiennent parfois des cheveux, des débris d'os ou une dent !

Les autres kystes organiques se développent aux dépens des tissus de l'ovaire, kystes séreux, kystes mucoïdes (contenant un liquide visqueux comme du mucus), kystes hématiques (contenant du sang). Ces kystes doivent être opérés avant qu'ils ne deviennent trop gros.

Il arrive qu'un kyste se torde, cette torsion provoque des douleurs intenses. C'est une urgence chirurgicale.

Quant aux kystes fonctionnels, les plus fréquents, ils traduisent un trouble du fonctionnement de l'ovaire au cours du cycle. L'ovulation n'a pu se produire, l'ovule est donc resté à l'intérieur de l'ovaire, se remplissant de liquide et se transformant en kyste. Les kystes fonctionnels disparaissent le plus souvent spontanément après les règles. C'est pourquoi il vaut mieux attendre avant de prendre une décision chirurgicale. Dans certains cas la gynéco met les ovaires au repos avec un traitement hormonal et tout rentre dans l'ordre. L'ovaire est un organe très sensible au stress et aux émotions : il peut se mettre à mal fonctionner pour des raisons psychologiques.

sonde à l'intérieur du vagin pour compléter l'examen, qui est indolore. On vous demande de boire de l'eau auparavant pour remplir votre vessie qui renvoie les échos des ovaires. L'échographie permet d'apprécier la taille de l'ovaire, la taille du kyste et son contenu. C'est une aide précieuse aux diagnostics gynécologiques.

Enfin, la gynéco peut palper des ovaires gros, lisses ou bosselés qui traduisent des troubles hormonaux : absence d'ovulation, augmentation de la pilosité, séborrhée du visage et du cuir chevelu. Il s'agit d'anomalies ovariennes appelées dystrophies ovariennes, nécessitant des explorations hormonales et un traitement. Elles sont beaucoup moins fréquentes que le kyste de l'ovaire.

Les fibromes

Au toucher vaginal l'utérus est gros et bosselé. Ce sont des fibromes. Ils sont toujours bénins et exceptionnels à votre âge.

▸ Quand le mal de ventre vient d'ailleurs

Le ventre peut également être le lieu de douleurs venues d'ailleurs, de « douleurs projetées ».

Des douleurs vertébrales peuvent se projeter dans l'abdomen.

Un calcul (sorte de petit caillou) qui passe dans l'uretère, canal qui relie le rein à la vessie, donne des **coliques néphrétiques :** elles peuvent irradier dans le ventre. Le foie et la vésicule biliaire peuvent faire de même. Enfin, après des efforts physiques importants, c'est la douleur des muscles abdominaux contractés que l'on peut confondre avec une douleur au ventre.

Chapitre 6

Les maladies du sexe

Les débuts de la vie sexuelle peuvent entraîner d'autres raisons d'aller voir la gynéco. Certaines maladies viennent toutes seules, d'autres sont sexuellement transmissibles, d'autres ne sont pas forcément transmises mais peuvent l'être. Ce chapitre va dresser un catalogue des maladies gynécologiques. Ce n'est pas pour vous effrayer, mais pour que vous les connaissiez. Certaines, en le lisant, se croiront atteintes de toutes les maladies. D'autres ne se sentiront pas concernées, comme si ça n'arrivait qu'aux autres.

Vous avez les moyens de prévenir beaucoup de ces maladies grâce au préservatif. Mais il arrive que par négligence ou par malchance, vous soyez contaminée. Balayez la gêne, la pudeur, allez vite consulter. Les médecins, qui connaissent bien ces maladies, ne vous jugent ni ne vous réprouvent. Ils sont là pour vous guérir au plus vite et au mieux. S'ils recherchent avec vous comment et par qui cela a pu vous arriver, ce n'est pas par curiosité inquisitrice, mais pour enrayer la contagion.

L'hygiène et les MST

Certaines des maladies sexuellement transmissibles ne se transmettent pas uniquement par voie sexuelle. Les mycoses, les trichomonas, l'herpès, par exemple, peuvent se contracter par le contact avec des linges souillés. Aussi, il est très important d'avoir du linge de toilette personnel, de ne pas s'échanger les serviettes en collectivité, et en règle générale de respecter les habitudes d'hygiène minimum : se laver les mains plusieurs fois par jour.

Vulvites et vulvo-vaginites

Peu de femmes échappent à l'expérience désagréable qu'est la **vulvite**. Les petites lèvres se mettent à gonfler, elles deviennent rouges, douloureuses. Parfois la peau se fragilise au point de s'excorier (elle est tellement à vif qu'elle se fissure) et de saigner. Du coup, ça brûle très fort au passage de l'urine. On peut la confondre avec une cystite. Certaines vulvites peuvent apparaître après des rapports prolongés et fréquents. Des crèmes adoucissantes et cicatrisantes disponibles en pharmacie règlent ce petit problème.

À l'examen, la gynéco peut détecter des inflammations et infections qui se voient très bien sur la vulve et qui provoquent ces vulvites. Ce peuvent être des infections à germes banals.

Des infections à germes banals

Une vulve irritée brûle et démange. On a du mal à s'empêcher de se gratter et on s'infecte avec toutes sortes de microbes qui vivent normalement sur la peau et les poils.

Alors, la peau de la vulve s'épaissit, se durcit et démange encore plus. Il faut se faire traiter.

Une zone très sensible

Si la vulve est trop fragile, mieux vaut éviter de porter des pantalons trop serrés à couture épaisse au niveau de l'entrejambe, comme les jeans, par exemple. Les protège-slips, portés toute la journée, ne protègent pas la vulve mais l'irritent par frottement. Comme la partie en contact avec la culotte est imperméable, le protège-slip provoque une humidité constante, néfaste, même si on en change souvent. Des culottes mal ajustées, qui serrent trop, ou des strings peuvent parfois provoquer des irritations. La culotte en coton vaut mieux qu'une culotte en matière synthétique. Les culottes doivent être bien rincées. Les papiers de toilette parfumés peuvent créer des intolérances, tout comme les lavages trop répétés, les savons parfumés ou agressifs (*voir encadré p. 24*)*. Tous ces petits conseils ne valent que pour celles dont la vulve est facilement irritable. Les autres peuvent faire ce qu'elles veulent... tant qu'elles n'ont pas d'ennuis.*

▸ L'irritation de la vulve n'est pas toujours d'origine gynécologique

Parfois quand on a mal au sexe, on pense tout de suite qu'il s'agit de maladies gynécologiques. La région vulvaire peut être atteinte par d'autres affections.

Certaines **maladies de la peau** peuvent affecter la vulve : lichen, psoriasis, eczéma. Dans ce cas la gynéco recommande une consultation auprès d'un dermatologue.

Certains **parasites**, comme les morpions peuvent également se loger sur le sexe, sur le pubis en particulier. Ils s'attrapent par le contact, même bref, de la peau contre une autre peau et aussi dans des sacs de couchage, draps, couvertures, vêtements infestés quand on vit en groupe.

Personne n'est totalement à l'abri de ces parasites, pas plus que les enfants qui attrapent des poux à l'école.

Les morpions sont les poux du pubis, *Phtirius pubis*, pour les savants. Ils se nichent à la racine des poils, sucent le sang, pondent des œufs, (une cinquantaine pour chaque femelle en un mois). Le cycle du morpion se déroule sur la peau et les vêtements où les œufs éclosent en une semaine. Les lentes sont agrippées au poil.

? *Comment savoir qu'il s'agit de morpions ?*

Ça démange affreusement. On découvre de minuscules taches de sang dans la culotte. Il faut s'examiner, à l'œil nu ou avec une loupe. Ce n'est pas toujours commode. Les lentes sont grisâtres et collent au poil. On peut les détacher en les faisant glisser le long du poil.

Comment s'en débarrasse-t-on ?

Très rapidement avec des poudres qui les tuent. On les achète en pharmacie. Le produit actif est différent de celui qu'on utilise pour les poux. Il ne faut pas oublier de poudrer toute la literie, les vêtements, et faire bouillir, si possible, le linge infesté. Une semaine plus tard, on recommence, pour détruire les œufs avant qu'ils n'éclosent. C'est guéri.

Les vulvo-vaginites

Une infection ou une inflammation du vagin est une vaginite qui entraîne des pertes. Celles-ci peuvent irriter ou infecter la vulve, et cela devient une vulvo-vaginite. La gynéco soupçonne la présence d'un germe ou d'un parasite pas nécessairement transmis par voie sexuelle. Il existe en effet des vulvo-vaginites chez la petite fille ou la femme âgée. Comme on l'a vu (p. 169), la gynéco prélève des sécrétions à l'intérieur du vagin (ce qui est totalement indolore) pour l'examen au microscope. En effet, les principaux agents qui infectent le vagin sont bien visibles. En colorant les lames on distingue les germes vivants : mycose, trichomonas et hémophilus vaginalis. Cela lui permet également d'évaluer le degré d'infection et l'état de la flore vaginale. Elle peut aussi vous envoyer directement au labo pour faire un examen cyto-bactériologique des sécrétions vaginales mais aussi du col de l'utérus et de l'urètre.

Trois agents principaux sont à l'origine de vulvo-vaginites.

▸ L'hémophilus vaginalis

L'hémophilus se développe dans le vagin quand, par exemple, il est fragilisé par une mycose, ou parce qu'il n'y a plus assez de bacilles de Döderlein pour le défendre (des bacilles qui font partie de la flore bactérienne normale dans le vagin). Il occasionne des pertes grisâtres, crémeuses et surtout malodorantes. La mauvaise odeur disparaît dès que la flore vaginale est reconstituée.

Comme son nom l'indique, l'hémophilus vaginalis ne se plaît que dans le vagin. Ce n'est pas une MST, vous ne risquez donc pas de le passer à votre ami.

▸ La mycose

La mycose est provoquée par un champignon, une levure qui se nomme *Candida albicans*, c'est pourquoi on dit indifféremment mycose ou candidose. Il s'attaque le plus souvent à la vulve d'abord, puis il se colle aux parois du vagin, le tapissant d'un épais enduit blanc. Les pertes du vagin sont très agressives pour l'orifice vulvaire, la région qui l'entoure, et les petites lèvres. L'irritation peut même atteindre la région anale et remonter dans le pli fessier.

À l'inverse, quand l'intestin est infecté par le *Candida albicans*, la contamination se propage par l'anus. La peau et la muqueuse souffrent et se fendillent. Les pertes de la mycose sont différentes des pertes blanches habituelles. Elles sont beaucoup plus épaisses, moins lisses et forment des petits grumeaux. La mycose apparaît volontiers dans la période qui précède les règles car le vagin est naturellement plus acide à ce moment-là.

Ça fait très mal ?

Oui, mais ça se soigne bien à condition de ne pas attendre trop longtemps. Parfois on ne sent rien et on découvre qu'on a une mycose au cours d'un rapport sexuel. Le vagin est sec, ça brûle et ça fait mal.

La mycose n'est pas seulement due aux irritations de la vulve et du vagin. Certains médicaments, les antibiotiques, la cortisone, la favorisent ainsi que certaines maladies, le diabète (trop de sucre dans le sang), les maladies qui diminuent les défenses immunitaires de l'organisme et même le stress. La mycose se contracte également par les rapports sexuels. Curieusement, les hommes sont moins sensibles que nous au *Candida albicans*. On ne les traite plus systématiquement quand leur partenaire est infectée, sauf si, eux aussi ont des irritations ou des brûlures après les rapports sexuels.

La mycose est-elle une MST ?

MST signifie maladie sexuellement transmise, donc contractée au cours d'un rapport sexuel. Si l'on est atteinte d'une candidose après des antibiotiques, par exemple, ce n'est pas une MST. Mais si la mycose est transmise au cours d'un rapport, cela devient une MST et le couple est traité en même temps.

Même si la mycose est une affection fréquente, récidivante et gênante, elle n'est pas grave. Mais attention à ne pas prendre la moindre brûlure, la moindre irritation vulvaire pour une mycose. Avant de se traiter de façon répétitive, il vaut mieux être sûre du diagnostic. Un médicament inapproprié n'arrange rien.

Ça peut revenir ?

La mycose est une affection récidivante, mais parfois moins qu'on ne le dit. Après le traitement, une certaine sensibilité de la vulve fait croire qu'on n'est pas tout à fait guérie et l'on s'inquiète. Cette sensibilité, souvenir de la douleur, va s'estomper petit à petit, à condition d'éviter tout ce qui irrite la vulve. Dans certains cas le *Candida* reste latent (sans symptômes) et se manifeste brusquement au cours d'un rapport sexuel qui, alors, devient très douloureux. Un lien peut s'établir inconsciemment entre acte sexuel et douleur du sexe, et la douleur est vécue comme une punition. Même guérie, on redoute un nouveau rapport, on se contracte et la pénétration devient encore plus douloureuse, sinon impossible. Il faut oser en parler à la gynécologue. Elle aidera à rompre le cercle vicieux : peur-douleur. Enfin, quand on n'a pas envie de faire l'amour, la mycose, comme toutes les autres douleurs génitales, peut être un prétexte tout trouvé pour dire « non ». Non à l'autre, mais aussi non à soi-même. Il n'est pas toujours facile de débrouiller seule les raisons de ce « non ».

Les signes qui doivent alerter

Des pertes vaginales colorées ou malodorantes
Des verrues sur la vulve, ou autour de l'anus
Des brûlures en urinant
Des douleurs, pendant ou après les rapports
Des saignements en dehors des règles, sans oubli de pilule
Des douleurs dans le bas-ventre et de la fièvre

Si vous avez ce genre de symptômes, il faut consulter d'urgence.

Source CRIPS (www.crips.asso.fr) et Institut Alfred Fournier.

▸ Le trichomonas

C'est une MST fréquente due à un parasite qui se développe dans le vagin. Il fait partie des MST, mais la contamination peut se faire par du linge souillé, sans contact sexuel. Cela provoque des pertes verdâtres, mousseuses et malodorantes qui occasionnent des démangeaisons vaginales et vulvaires. Parfois, des sensations de cystite, lorsque l'urètre est enflammé. Ce n'est en fait pas une vraie cystite, mais une urétrite.

Tout comme la mycose, le trichomonas est de diagnostic facile pour la gynéco car ces parasites vaginaux mobiles se voient bien au microscope. Le traitement est rapide et définitivement efficace si votre ami est traité en même temps que vous. Chez l'homme la plupart du temps, il est parfaitement toléré : pour une fois on ne peut pas accuser son copain de ne rien dire car dans 90 % des cas il n'a pas de symptôme

Boules, verrues et boutons

▸ Une ou des petites boules qu'on sent sous le doigt

Si c'est une boule douloureuse sur le côté de l'orifice vaginal, vers l'arrière, il s'agit d'une **bartholinite**. C'est une infection de la glande Bartholin qui joue un rôle dans la lubrification du vagin. Elle doit être traitée rapidement par des antibiotiques pour ne pas évoluer vers l'abcès. Elle est rare chez l'adolescente.

Parfois on vient consulter pour une ou plusieurs petites boules senties en arrière de la vulve. En fait ce sont des

hémorroïdes qui saillent autour de l'anus. Les hémorroïdes sont des dilatations des veines de l'anus, des sortes de varices anales. Quand elles sont congestionnées elles sont très douloureuses et saignent parfois. S'il vous arrive de trouver du sang dans votre petite culotte il est utile de savoir si ce sang vient de l'anus, du vagin ou de l'orifice urinaire.

▸ Les verrues : les condylomes

Sur la vulve, on peut voir, sentir des verrues. Il ne s'agit plus d'infection de la vulve, mais de **condylomes**. Ils sont provoqués par un virus, le *Papillomavirus* ou HPV.

LE PAPILLOMAVIRUS
C'EST UN JOLI NOM POUR UNE
BELLE COCHONNERIE !

Il se manifeste sur la vulve sous forme d'une ou plusieurs verrues. On les appelait autrefois végétations vénériennes ou crêtes de coq. Au début, elles ne font pas mal : ce sont de petites excroissances, grises, blanchâtres ou roses, comme la muqueuse. On ne les découvre qu'avec la main en se lavant. Si on ne fait rien, elles se multiplient rapidement, grossissent et démangent. En se grattant, on les fait essaimer. N'attendez pas pour consulter car elles sont très contagieuses. Votre copain doit consulter lui aussi. La gynéco recherche si vous n'avez pas d'autres condylomes moins visibles autour de l'anus, à l'intérieur du vagin et sur le col. Le traitement se fait par l'application d'une pommade, par destruction électrique ou par cryothérapie (destruction par le froid). Ces virus HPV peuvent se propager au col de l'utérus où ils risquent de déclencher au bout de quelques années des lésions précancéreuses. C'est pourquoi la gynéco pratique systématiquement un frottis lorsqu'il y a des condylomes sur la vulve.

▸ Les boutons : l'herpès génital

Le virus de l'herpès génital est le cousin de celui qui donne le bouton de fièvre. C'est souvent assez douloureux et très contagieux.

Il y a des boutons de fièvre sur la bouche, mais aussi sur la vulve.

Ils sont de deux types : le banal bouton de fièvre, sur la bouche ou au bord d'une narine est de type I. L'herpès de type II s'attaque à l'appareil génital externe, mais aussi bien à la fesse ou à la cuisse. C'est **l'herpès génital.**

L'herpès type I ne se transmet pas tout seul de la bouche à la vulve. Il peut être transporté par la main, les caresses et les baisers et se transformer en type II, qui lui, contamine la région vulvaire par contact sexuel.

? *Qu'est-ce-qu'on ressent alors ?*

La première attaque de la maladie herpétique est parfois violente. Elle se nomme la primo-infection. Elle survient 3 semaines en moyenne après la contamination. Elle se manifeste par des démangeaisons et de vives douleurs vulvaires. Les boutons d'herpès apparaissent ensuite sous forme de vésicules, sortes de petites bulles remplies de liquide. Très vite les vésicules crèvent et ulcèrent la peau. Un ganglion douloureux dans l'aine du même côté, de la fièvre, une fatigue intense accompagnent l'évolution des boutons. Si l'on ne se fait pas soigner, ça dure 15 jours et il faut encore 10 à 12 jours pour que les boutons cicatrisent. Après la guérison, le virus reste dans le ganglion. Il peut ne jamais réapparaître ou au contraire se manifester à nouveau.

Dans bien des cas, la primo-infection passe pratiquement inaperçue. On reconnaît la maladie lors des récidives, qui, généralement s'espacent de plus en plus et durent beaucoup moins longtemps. Les récidives surviennent lors des règles, de poussée de fièvre, de choc émotionnel.

En cas de doute, on fait un séro-diagnostic (voir encadré p. 202).

? *Y a-t-il quelque chose à faire ?*

Vite consulter. Des médicaments contre le virus herpétique abrègent la maladie, mais ils n'empêchent pas que des poussées d'herpès réapparaissent périodiquement. C'est ce qu'on nomme des récidives. Lorsqu'elles sont trop rapprochées, les antiviraux sont prescrits pendant de longs mois. Il faut prendre des précautions car c'est très contagieux depuis la première gêne vulvaire jusqu'à l'assèchement des boutons. Il faut faire très attention à ne pas transporter le liquide des vésicules dans les régions voisines, et à bien assécher les boutons avec un produit cicatrisant. Les mains doivent être parfaitement lavées avant et après les soins. Et le linge de toilette réservé à l'usage personnel et bien lavé. Les rapports sexuels sont contaminants jusqu'à guérison complète parce qu'avec la main qui a touché le bouton on peut véhiculer le virus.

Plus tard, si une poussée d'herpès survient au moment de l'accouchement, il faudra faire naître le bébé par césarienne pour qu'il ne coure aucun risque.

Les MST ne sont pas des maladies honteuses

L'herpès et les condylomes sont des MST, des « maladies de l'amour ». Ces deux affections virales sont visibles sur la vulve. On peut s'en rendre compte très vite et se faire soigner. Il faut avoir le courage d'en parler à son ami pour être traités en même temps tous les deux, et guérir plus vite. Ce n'est pas parce qu'elles sont sur l'appareil génital qu'elles doivent être honteuses. Il n'y a pas de maladies honteuses, mais des comportements de honte devant les réalités de la sexualité. La sexualité et ses risques font partie de la vie amoureuse comme les mouvements du cœur, le désir, la tendresse, la jalousie. Une affection génitale est comme les autres maladies. Il faut s'appliquer à la prévenir mais sans y penser sans cesse, sans se gâcher la vie. Et si un jour cela vous arrive, ne laissez pas la honte vous paralyser. Soignez-vous.

Les infections des trompes, ou salpingites

Dans nos consultations nous essayons de dépister systématiquement les **salpingites**, infection d'une ou des deux trompes. Salpingite vient de *salpynx*, mot qui désigne la trompe. On dit aussi infection tubaire, deux mots pour la même affection. La trompe s'infecte par des germes transmis au cours d'un rapport. Ce sont des MST. Les germes remontent du vagin vers le col, traversent l'utérus et atteignent les trompes.

L'intégrité des trompes est nécessaire pour votre fertilité future. C'est pour la préserver que nous vous conseillons encore et encore de vous protéger par le préservatif, d'être attentives à une modification de vos pertes blanches, à des saignements en dehors des règles, à des douleurs inexpliquées dans le ventre.

▸ Le chlamydia

La bactérie le plus fréquemment rencontrée chez les adolescentes dans notre pays est le chlamydia.

Quand des symptômes apparaissent, c'est 10 à 20 jours après le rapport. Ils sont souvent discrets : quelques pertes vaginales, des brûlures ou une gêne à la miction. Dans certains cas ce sont de petites pertes de sang en dehors des règles qui sont le seul signe d'alarme. Quand on est sous pilule, c'est le vrai piège. Si elle ne vous examine pas, la gynéco consultée par téléphone risque d'imputer les saignements à la pilule et proposer d'en changer. Nous vous conseillons vivement de prendre un rendez-vous au moindre doute, surtout si votre ami se plaint d'écoulement ou de brûlures en urinant. Si nous vous mettons tellement en garde c'est que le chlamydia est une MST qui vous fait courir des risques : on a 85 % de chances de contracter le chlamydia avec un partenaire atteint et qui ne le sait pas.

Dans d'autres cas le chlamydia se manifeste par une salpingite aiguë avec d'importantes douleurs dans le bas-ventre, d'un ou des deux côtés, de la fièvre, parfois des vomissements et un mauvais état général.

Y a-t-il toujours des symptômes ?

Dans certains cas la salpingite peut être silencieuse. Elle est découverte au cours de l'examen. La gynéco remarque que le col et surtout l'endocol (la partie interne du col) sont atteints : du pus sort de l'endocol. Le toucher vaginal est douloureux. La trompe qu'on ne perçoit pas normalement bombe dans le vagin et fait mal à la palpation. Au moindre doute la gynéco vous envoie au laboratoire pour une recherche de chlamydia dans les pertes. Elle demande également une recherche de la trace du chlamydia dans le sang : c'est le sérodiagnostic (voir encadré p. 202). La gynéco prescrit une échographie pelvienne qui peut confirmer la salpingite et mettre en route le traitement antibiotique. Parfois, une **cœlioscopie** est utile pour faire l'état des lieux.

Cet examen se pratique à l'hôpital ou en clinique sous anesthésie générale. Le chirurgien utilise un cœlioscope. C'est un instrument en forme de tube se terminant par une source lumineuse qui permet de voir tout l'intérieur du petit bassin, l'utérus, les ovaires, les trompes et le péritoine, fine membrane qui entoure tous les organes du petit

Se soigner à deux

Avec ou sans symptômes, le traitement doit être mis en route très vite. Il faut traiter le partenaire même s'il ne se plaint de rien. Il faut même lui demander – ce n'est pas toujours simple – de prévenir d'autres personnes avec lesquelles il a eu des rapports. Le préservatif utilisé à chaque rapport est la meilleure prévention.

bassin. L'instrument est introduit par une petite ouverture faite dans le nombril. On voit aussi bien que si le ventre était ouvert avec un bistouri. La cicatrice est très petite et peu visible. La cœlioscopie permet de voir mais aussi de traiter chirurgicalement un grand nombre de maladies gynécologiques.

Le mycoplasme

Jusqu'à il y a peu de temps, il était considéré comme une MST à risque pour les trompes. Ce n'est plus le cas. Tout comme le chlamydia, c'est une bactérie. Il est recherché systématiquement dans les examens bactériologiques. Son nom : *Ureaplasma urealyticum*. Il est bon de reconnaître son nom pour ne pas le confondre avec « mycose ». Le mycoplasme semble plus agressif pour l'homme que pour la femme. Il se développe de préférence dans l'appareil uro-génital occasionnant des urétrites, parfois des cystites, mais peu de leucorrhées. Il s'associe volontiers à d'autres germes vaginaux. Il prolifère d'autant plus que la flore vaginale est pauvre. Plus les mycoplasmes sont nombreux, plus ils risquent d'être pathogènes. C'est pour cette raison que le laboratoire en fait la numération. Au-dessous de 10^4 (10 000), on estime que le traitement n'est pas indispensable si l'homme et la femme n'ont aucun symptôme.

Quels sont ses symptômes ?

Parfois, aucun. Parfois de petites brûlures en urinant et quelques pertes. En réalité, c'est à l'examen au spéculum qu'on découvre un col enflammé et purulent. L'examen bactériologique s'impose.

▸ Le gonocoque

Avant que le chlamydia soit bien connu et traité, le gonocoque était le principal agent des MST, appelées autrefois maladies vénériennes (de Vénus, déesse de l'amour). Il est responsable de la **blennorragie**, communément appelée « chaude-pisse » parce que chez l'homme, la maladie se manifeste par des brûlures intenses en urinant : on dit qu'il « pisse des lames de rasoir ». Il sait donc qu'il a été contaminé environ 5 jours auparavant. Malheureusement pour la femme, dans 70 % des cas, elle n'a que peu ou pas de symptômes. Elle peut propager la gonococcie un bon moment, sans se soigner. Après une période de silence, le gonocoque est en nette progression. Il se transmet essentiellement par voie sexuelle. Les femmes sont plus vulnérables que les hommes. En cas de rapport avec un partenaire contaminé, la femme est contaminée dans un cas sur deux ; l'homme dans un cas sur trois.

? *Est-il aussi dangereux que le chlamydia ?*

S'il n'est pas traité à temps, oui. C'est pour cette raison que les médecins traitent systématiquement tous les partenaires d'une personne contaminée, sans même savoir s'ils sont contaminés. On dispose aujourd'hui de traitements minute, très efficaces. **S'il n'a pas été traité à temps**, le gonocoque pénètre par le col vers l'utérus et les trompes qu'il infecte dans 10 % des cas.

? *Une MST peut-elle rendre stérile ?*

Heureusement non. Prise à temps, la salpingite guérit. Dans le cas contraire, les trompes sont « bouchées » et empêchent à la fois l'ascension des spermatozoïdes et la descente de l'ovule. C'est une stérilité tubaire, mais on peut alors être enceinte grâce à une fécondation *in vitro*.

Un sérodiagnostic, c'est quoi ?

C'est un test sérologique, c'est-à-dire effectué sur un prélèvement sanguin. Quand on contracte une maladie, le corps se défend en développant ce qu'on nomme des anticorps qui permettent, la plupart du temps, de lutter contre cette maladie. Il faut un certain temps pour que l'organisme fabrique des anticorps.

Si l'organisme a été en contact avec le virus, le test reste toujours positif. Sa positivité est la trace des anticorps contre la maladie. Par exemple, si vous avez eu la rubéole ou si vous avez été vaccinée, on trouvera un sérodiagnostic positif à la rubéole (Pensez d'ailleurs à vous faire vacciner ou à faire faire le rappel si le vaccin contre la rubéole (ROR) n'a pas été pratiqué à douze ans).

Les résultats des analyses paraissent parfois écrits en chinois. Les virus y sont nommés :

virus de l'immuno-déficience humaine ou sida	*HIV 1, HIV 2*
virus des condylomes	*HPV*
virus de l'herpès génital	*HSV 2*
virus de l'hépatite B	*VHB,*
virus de l'hépatite C	*VHC*

L'hépatite B

Elle est due à un virus qui se transmet par le sang (comme l'hépatite C qui peut devenir chronique avec des atteintes du foie), mais aussi par le sperme et les secrétions vaginales. Comme toutes les hépatites, elle peut se dérouler sans signes apparents et on peut être séropositif sans le savoir.

Dans d'autres cas ; on a une jaunisse et c'est le sérodiagnostic qui permet d'établir la présence du virus dans le sang. Le danger de cette hépatite est que, dans 20 % des cas, elle peut devenir chronique et active, détruire petit à petit les cellules du foie et entraîner des maladies hépatiques gravissimes comme la cirrhose du foie et même le cancer du foie. Il existe un vaccin contre l'hépatite B dont on a discuté l'innocuité ces dernières années. Mais il semble aujourd'hui innocenté et la vaccination contre l'hépatite B est conseillée.

La syphilis

Avant la découverte de la pénicilline, cette maladie vénérienne faisait très peur. C'est le sida d'autrefois.

Elle est due à une bactérie, le tréponème pâle. Elle débute à l'endroit du contact par une lésion cutanée, le chancre syphilitique. Si la maladie n'est pas traitée, elle atteint le système nerveux. Aujourd'hui, cette maladie est moins fréquente et guérit rapidement par antibiotiques. Il semble que cette maladie qui avait presque disparu soit en recrudescence.

Le sida

Le sida a été décrit pour la première fois en 1981 aux États-Unis. Le mot signifie syndrome d'immunodéficience humaine (AIDS pour les Anglo-Saxons). C'est une MST qui au début était considérée comme une maladie d'homosexuels, tous les autres se croyaient protégés. Depuis, l'épidémie a atteint les hétérosexuels, hommes et femmes. En France, 5 à 6 000 personnes sont encore infectées chaque année !

Il y a des pays entiers ou hommes, femmes et enfants sont atteints par cette maladie. Le sida est dû au virus HIV isolé en 1983 à l'Institut Pasteur de Paris. Celui-ci s'attaque progressivement aux défenses de l'organisme.

La transmission du sida

Pour se transmettre d'une personne à l'autre le virus doit nécessairement être transporté par une cellule. Ainsi les deux grands modes de contamination sont :

– **le sang** qui véhicule les lymphocytes contaminés qu'il contient (les lymphocytes font partie des cellules qui constituent le sang). La contamination par le sang se fait chez les usagers de drogue qui se piquent avec des seringues souillées et par transmissions sanguines (ce qui n'est plus le cas en France depuis 1985).

– **les sécrétions sexuelles,** sperme et sécrétions génitales féminines. La contamination sexuelle se fait par la moindre excoriation (petite plaie) de la muqueuse vaginale, anale ou buccale qui sert de porte d'entrée au virus. La pénétration vaginale, rectale et la fellation doivent toujours être protégées par des préservatifs. La salive qui ne comporte pas de cellules n'est pas contaminante. Il n'y a donc pas de précautions particulières à prendre si on boit dans le verre de quelqu'un qui a le sida.

Une fois dans l'organisme, le sida se fixe et se développe essentiellement dans les lymphocytes T4 et dans certaines cellules du système nerveux. Le virus progresse en se multipliant – jusqu'à 1 milliard de nouvelles particules par jour – et en transformant les noyaux des cellules infectées. Entre le premier contact avec le virus et la maladie déclarée, il peut s'écouler des années pendant lesquelles la personne n'est pas malade mais propage la maladie sans le savoir. On dit qu'elle est séropositive.

(?) *Comment se détecte le sida ?*

Le sida se détecte par une prise de sang. Plus tôt se fait le diagnostic, plus tôt un traitement antiviral est commencé, plus on a de chances de retarder le passage à la maladie. C'est le sérodiagnostic qui met en évidence les anticorps contre le HIV et qui montre si on est séropositif ou séronégatif.

Ou bien, le médecin peut avoir l'attention attirée par des troubles de l'état général : diarrhées, amaigrissement, fatigue, fièvre. Il demande un test qui montre la présence du virus. Au fur et à mesure que l'immunité baisse apparaissent des infections comme la tuberculose, la toxoplasmose, des affections cutanées et neurologiques appelées infections opportunistes.

(?) *Quand faire le test ?*

– *En cas de doute après un rapport non protégé*, il faut faire un premier test 6 semaines après et un second trois mois après. 6 semaines, c'est le temps minimum pour que la trace du sida apparaisse dans le sang en cas de contamination. Quand le test est négatif à 3 mois, c'est la certitude qu'on n'a pas été contaminé. Même s'il existe désormais des tests qui permettent de savoir au bout de quinze jours seulement si on est séropositif ou pas, le test n'étant pas fiable à 100 %, il faut en refaire un après trois mois.

– *Si l'on envisage de ne plus utiliser le préservatif* parce qu'une atmosphère « durable » s'installe dans le couple. Il est conseillé de faire un test et de demander à son partenaire d'en faire un également, ceci 3 mois après le dernier rapport sexuel non protégé avec quelqu'un d'autre.

Et si on apprend que le partenaire qui n'avait pas de préservatif est séropositif ?

En cas de rapport sexuel avec un séropositif non protégé ou si le préservatif craque, il faut absolument aller consulter dans les heures qui suivent un service hospitalier spécialisé où on peut avoir un traitement d'urgence qui diminue les risques de la contamination. Ce traitement est lourd et dure un mois. Il est indispensable, mais n'est pas efficace à 100 %.

Bons plans et bonnes adresses

- ***Fil santé jeune :*** *0 800 235 236.*
- ***Hépatite info service :*** *0 800 845 800 permet de s'informer sur toutes les hépatites, oriente et soutient. 7 jours sur 7, de 9 heures à 23 heures. Communication gratuite.*
- ***Sida Info service :*** *0 800 840 800 aide à évaluer son risque de contamination en cas de doute et donne l'adresse du centre de dépistage anonyme et gratuit le plus proche de chez soi. 7 jours sur 7, 24 heures sur 24, communication gratuite.*
  Ce service a également mis en place « La Ligne de Vie » pour soutenir les personnes en attente de résultat de test, notamment.
  N° azur (prix d'une communication locale) : 0 801 037 037. Lundi, mardi, jeudi, et vendredi de 17 heures à 21 heures.
- ***Le site internet de l'association Aides****, www.aides.org, fournit des flashes info et offre la possibilité de poser des questions.*
- ***Site internet www.drclic.com*** *(MST, sida, pratiques sexuelles).*

Comment éviter le sida ?

Du fait de l'hécatombe qui s'est produite chez les homosexuels américains, il y a eu un énorme effort au niveau de la prévention. Ainsi le *Safe sex* – en anglais « sexualité sans risque » – consiste à limiter les rapports à des caresses sans pénétration et à des jeux de masturbation. Il s'agit d'une sexualité « à distance » où l'utilisation du préservatif et de doigtier notamment sont le minimum indispensable.

Cette attitude du *safe sex* s'est répandue bien au-delà des milieux homosexuels. En France, particulièrement chez les jeunes, il y a eu des campagnes de communication et l'utilisation du préservatif s'est répandue.

Mais depuis quelque temps, la vigilance semble se relâcher. On observe le phénomène du *relapse :* la suppression de toute vigilance, l'abandon du préservatif de façon ponctuelle, comme ça, en fonction du partenaire, de la

Les pratiques à risques

- *L'absence de protection par préservatif ;*
- *La précocité des premiers rapports sexuels (les défenses immunitaires des très jeunes filles ne sont pas achevées) ;*
- *La multiplication des partenaires (par multiplication des risques) ;*
- *La promiscuité et le manque d'hygiène ;*
- *La pratique du* relapse *qui consiste à abandonner de temps en temps toute vigilance.*

Mais aussi :

- *Le tabac, parce qu'il diminue les défenses immunitaires ;*
- *L'usage d'alcool ou de drogues parce qu'il entraîne une baisse de la vigilance.*

couleur de ses yeux ou de celle du ciel, dans l'irrationalité absolue. Une façon de jouer à la roulette russe. Dans les dix premières années de l'apparition de la maladie (entre 1981 et 1991), la majorité des malades mouraient. Certains croient aujourd'hui que le sida se guérit, c'est une grave erreur. Certes, les trithérapies ont ressuscité des malades condamnés. Toutefois, si on meurt plus tard, on continue d'en mourir. Les trithérapies sont des traitements extrêmement lourds avec beaucoup d'effets secondaires. Prendre le risque d'une contamination à la légère, c'est prendre le risque d'une vie de grand malade en sursis, tant que les progrès des traitements ne sont pas décisifs.

Conclusion

Le corps est une merveilleuse machinerie commandée par le cerveau : elle est compliquée et subtile, mais il faut lui faire confiance. L'adolescence n'est pas une maladie, c'est un long cheminement qui va de l'enfance à l'âge adulte en modifiant le corps et l'esprit.

Cette étape est plus longue de nos jours, parce que la puberté commence plus tôt et que l'autonomie matérielle est souvent plus tardive. Elle oblige parfois à une certaine dépendance à l'égard de la famille. Cette dépendance est acceptée ou combattue.

C'est une étape pleine d'incertitudes, de luttes et d'embûches, mais aussi d'heureuses découvertes : découverte de nouvelles relations avec les autres, découverte de la sexualité, qui attire et qui fait peur. Ces sentiments contradictoires peuvent créer des situations de risques physiques et psychologiques. Cette période de crise construit la femme que vous deviendrez vers son épanouissement, vers la réalisation de projets personnels, professionnels et sentimentaux. Nous sommes tous les créateurs de notre propre vie, et l'adolescence y prépare.

Si un jour vous avez des enfants, ils vous aideront peut-être à mieux comprendre votre adolescence. Ce sera une autre histoire.

Dictionnaire de l'amour et du sexe

A

Abstinence : absence de rapports sexuels plus ou moins prolongée. L'abstinence périodique est une méthode de contraception dite naturelle, tolérée par l'Église. Voir méthode Ogino.

Adolescence : période comprise entre l'enfance et l'âge adulte, dont les premières manifestations physiques débutent à la puberté.

Anaphrodisie : absence de désir sexuel.

Androgènes : hormones mâles dont la plus connue est la testostérone.

Anorgasmie : absence d'orgasme. Elle ne signifie pas chez la femme absence de désir et de plaisir. Elle se manifeste souvent chez l'homme par une absence d'éjaculation.

Aphrodisiaque : substance censée stimuler le désir et les performances sexuelles.

Aphrodite : déesse de l'Amour, née de l'écume d'une vague. De son nom découlent les mots aphrodisiaque, anaphrodisie. Elle est appelée Vénus chez les Romains, ce qui a donné le terme maladies vénériennes, « maladies de l'amour ».

Attouchement : action de toucher. Aujourd'hui, l'usage n'est que péjoratif. On parle d'attouchements en cas d'abus sexuel.

Avortement : (ou fausse couche ou interruption de grossesse) : il peut être spontané (souvent en début de grossesse) ou médicalement provoqué, c'est l'IVG ou interruption volontaire de grossesse.

B

Baiser : poser ses lèvres sur... Embrasser. Vulgairement : faire l'amour.

Bisexuel/le : personne ayant des relations homo- ou hétérosexuelles. Il existe généralement une dominante de l'attirance.

Bourses : enveloppes cutanées qui entourent les testicules. On dit aussi les précieuses, les valseuses, les bijoux de famille, etc.

Bruits : ils sont fréquents au cours de l'acte sexuel. Il ne faut pas en avoir honte.

C

Canal déférent : canal fin et long de 35 cm reliant chaque testicule à la prostate, d'où part le canal de l'urètre.

Candidose : mycose due à une levure, le *Candida albicans*. Voir mycose.

Capote : nom familier du préservatif masculin.

Castration : résultat de l'ablation des ovaires chez la femme, des testicules chez l'homme. Elle entraîne la suppression de la sécrétion des hormones sexuelles. Au sens figuré, on peut se sentir castré(e) par quelqu'un qui empêche notre épanouissement et notre développement personnel.

Célibat : l'inverse du mariage ou de la vie en couple stable.

Chasteté : abstinence sexuelle volontaire et durable. Il s'agit le plus souvent d'un choix religieux (chasteté avant le mariage).

Chaude-pisse : mot familier synonyme de blennorragie, chez l'homme. C'est une maladie sexuellement transmissible qui se manifeste par des brûlures sévères lorsqu'on urine (on « pisse des lames de rasoir ») et un écoulement de pus au bout du pénis.

Chlamydia : bactérie responsable d'une MST, pouvant entraîner des risques de stérilité chez l'homme et chez la femme.

Circoncision : retrait du prépuce pour raisons rituelles chez les juifs et les musulmans, médicales en cas de phimosis (orifice du prépuce trop serré), ou simplement d'hygiène.

Clitoris : organe sexuel érectile féminin situé au-dessous de l'os du pubis et protégé par le repli antérieur des petites lèvres. Cette zone ultrasensible est remplie de très nombreux récepteurs sensoriels et filets nerveux. Elle est l'un des grands déclencheurs du plaisir féminin.

Coït : terme signifiant accouplement et pénétration.

Concubinage : fait de vivre en couple sans être marié.

Condom : synonyme de préservatif. C'est le Dr Condom, médecin personnel de Charles II, roi d'Angleterre et contemporain de Louis XIV, qui l'aurait proposé à son altesse britannique pour lui éviter une trop nombreuse descendance. En souvenir du bon docteur, on a baptisé le préservatif condom.

Condylome : petite « verrue » due au papillomavirus. Elle est localisée au niveau des organes sexuels et très contagieuse. Chez les femmes, si elle n'est pas traitée, elle peut entraîner un risque de cancer du col de l'utérus.

Contraception : tous les moyens mis en œuvre pour empêcher une grossesse (pilule, stérilet, préservatif, spermicide, etc.).

Corps caverneux : organes en forme de cylindre situés dans la verge qui permettent l'érection en se remplissant de sang. Le clitoris en possède également, d'où sa fonction érectile.

Coup de foudre : rencontre entre deux personnes qui, dès le premier regard, éprouvent un émoi intense, brusque et réciproque, qui les saisit comme la foudre tombant du ciel.

Cunnilingus : caresse avec la langue des organes sexuels féminins.

D

Décalotter : faire coulisser la peau du prépuce sur le gland pour le découvrir au cours de la toilette, pour faciliter la masturbation ou la pénétration.

Déflorer : faire l'amour à une vierge. La pénétration rompt l'hymen.

Dépuceler : terme d'argot qui signifie déflorer une pucelle, c'est-à-dire une fille vierge. Avant son premier rapport sexuel, le garçon est puceau.

Désir : envie de faire l'amour, pulsion et attirance pour l'autre. Il s'exprime souvent par une érection chez l'homme et par des émois physiques variés chez la femme : sensation de chaleur dans le ventre, lubrification vaginale, érection des mamelons, etc.

Détumescence : perte de l'érection, souvent après l'éjaculation. Le pénis devient mou.

Déviation : comportement sexuel en dehors de la norme sociale, variant donc en fonction des époques et des cultures. Autrefois, on parlait de perversion.

Dyspareunie : douleur ressentie lors de la pénétration vaginale. Elle peut être localisée à l'entrée du vagin : c'est une dyspareunie superficielle. Ou dans la profondeur du vagin : elle est dite alors profonde.

E

Échangisme (ou mélangisme) : échange de partenaires au cours de la relation sexuelle. Il existe des clubs échangistes.

Éjaculation : émission de sperme très souvent associée à un plaisir intense.
Elle est parfois précoce ou prématurée, ce dont s'inquiètent beaucoup de jeunes hommes. La maîtrise de l'éjaculation s'acquiert petit à petit.

Épididyme : fin canal de 6 m de long, enroulé en pelote sur lui-même au-dessus du testicule, qui assure la maturation des spermatozoïdes afin de les rendre fertiles et qui les achemine ensuite vers le canal déférent.

Érection : gonflement et durcissement du pénis provoqués par une excitation, visuelle, manuelle ou fantasmatique.

Érogènes (zones) : lieux du corps particulièrement sensibles dont l'excitation provoque le désir. Elles peuvent être localisées aux organes génitaux mais aussi loin d'eux : il en est ainsi des seins, du cou, de la bouche, de l'oreille.

Éros : fils d'Aphrodite et dieu de l'Amour. Il porte le nom de Cupidon chez les Romains.

Érotique : sensuel, voluptueux, qui incite au désir. Lire, voir, entendre, sentir, toucher et être touché, tout cela participe à l'érotisme d'une situation.

Érotomanie : illusion délirante d'être aimée par tous les hommes.

Œstrogène : hormone sexuelle féminine sécrétée par l'ovaire.

Eunuque : homme castré particulièrement apprécié des sultans et pachas pour la garde de leur harem.

Excision : ablation rituelle du clitoris chez la petite fille dans de nombreuses civilisations africaines.

Exhibitionnisme : déviation sexuelle essentiellement masculine. Les hommes exhibent leur sexe et trouvent leur plaisir dans le trouble suscité chez l'autre. Leur cible privilégiée est la petite fille. À qui n'est-ce pas arrivé !

F

Fantasme (sexuel) : scénario imaginaire qui provoque une stimulation érotique.

Fellation : caresse du pénis avec la bouche.

Fétichiste : personne qui a besoin d'un objet fétiche pour être excité au cours de l'acte sexuel (chaussure, sous-vêtement, etc.).

Fidélité : l'exigence de fidélité est au cœur de toute relation amoureuse. « Les amants se jurent fidélité. » Dans la réalité, conduite spontanée ou que l'on s'impose par attachement, par conviction religieuse, ou tout simplement pour se protéger des MST !

Flaccidité : état normal du pénis au repos (mou, sans érection).

Fourchette : zone vulvaire située entre la partie postérieure de l'orifice vaginal et l'anus. La fourchette peut être irritée par des rapports sexuels ou par le frottement de sous-vêtements ou de jeans trop serrés.

Frein : zone située sous le gland, reliant le prépuce à la verge par un lien cutané. Lorsque le frein est trop court, le décalottage est douloureux et le pénis peut éventuellement être courbé vers le bas.

Frigidité : absence de plaisir ou de désir, ou les deux à la fois. « Il n'y a pas de femmes frigides, il n'y a que des hommes maladroits », disait-on autrefois. Ce n'est pas tout à fait vrai, même si souvent les femmes découvrent le plaisir progressivement. La frigidité masculine existe aussi.

Frustration : sentiment éprouvé à la suite d'un désir inassouvi, sexuel ou non sexuel.

G

G (comme point G) : zone située à l'intérieur du vagin, dans sa paroi antérieure, c'est-à-dire contre la vessie. La stimulation de cette zone donne des sensations voluptueuses et parfois des orgasmes.

Gay : terme français au départ, utilisé dès le XVIe siècle pour désigner les homosexuels. C'est au XIXe siècle qu'il devient, aux États-Unis, le terme de ralliement de la communauté homo.

Génitaux (organes) : organes sexuels et reproducteurs de l'homme et de la femme.

Gland : extrémité du pénis, très sensible. C'est sa stimulation qui déclenche l'éjaculation.

Godemiché (diminutif, gode) : instrument de plaisir qui imite la forme du pénis en érection. Les premiers remontent à l'Antiquité.

Gynécomastie : augmentation temporaire ou définitive du volume des seins chez le garçon, due à des modifications hormonales.

H

Hbs : virus de l'hépatite B.

Hc : virus de l'hépatite C.

Hédonisme : philosophie prônée par les Grecs anciens, qui encourage la recherche du plaisir et de la volupté comme un but de l'existence.

Herpès : maladie due à un virus, le plus souvent localisé au niveau de la bouche, de la zone génitale ou de la zone anale. « Bouton » très contagieux dès les premiers picotements.

Hétérosexualité : attirance sexuelle pour des personnes du sexe opposé. Les couples hétérosexuels sont très majoritaires, et de ce fait considérés comme la norme.

HIV : virus du sida.

Homosexualité : attirance sexuelle pour des personnes du même sexe. Elle implique des pratiques sexuelles spécifiques. Entre hommes, la pénétration se fait au niveau de l'anus. Elle n'est pas obligatoire et les jeux sexuels peuvent se limiter à la masturbation, à la fellation et aux caresses. Chez les femmes, la masturbation et les caresses peuvent amener à l'orgasme, et la relation peut se compléter par la pénétration de doigts ou d'objets dans le vagin. Depuis 1974, l'homosexualité n'est plus considérée comme une maladie mentale mais tout simplement comme un choix d'aimer autrement, d'user de son corps dans un registre différent, qui n'exclut ni l'amour, ni la tendresse, ni la fidélité.

Hormone : messager chimique sécrété par une glande, diffusé dans le sang et actif à distance sur des organes récepteurs « cibles ». Chez la fille, les œstrogènes déclenchent le développement des seins et des organes génitaux externes et internes. Chez le garçon, la testostérone sécrétée par les testicules est responsable de l'apparition des poils, du changement de la voix (mue) et des premières éjaculations.

HPV : virus des condylomes.

HV : virus de l'herpès.

Hymen : fine membrane souple qui ferme en partie l'entrée du vagin, mais qui comporte un petit orifice par lequel passe le sang des règles. C'est dans cet orifice qu'un petit tampon peut être introduit sans déchirer l'hymen.

Hypophyse : minuscule glande du cerveau qui agit directement sur les organes génitaux. Elle reçoit ses ordres de l'hypothalamus.

Hypothalamus : petite glande située à la base du cerveau qui contrôle notre vie sexuelle et nos pulsions. Elle est commandée par le cerveau. Les émotions, les événements conscients ou inconscients n'ont pas de secret pour elle.

I

Idylle : histoire d'amour, tendre et romantique. Une « histoire idyllique » est idéale, merveilleuse, sans nuages...

Impuissance : trouble de l'érection presque toujours passager chez l'adolescent.

Inceste : relation sexuelle entre un enfant et l'un de ses proches parents. La loi punit sévèrement l'adulte qui a ce type de pratique avec l'enfant ou l'adolescent considéré comme sa victime.

Inconscient : pensées non conscientes ou refoulées car trop douloureuses ou gênantes. L'inconscient, découvert par Freud, est à l'origine de l'ensemble des pulsions. La psychanalyse permet de retrouver ces pensées perturbantes et de comprendre les systèmes de fonctionnement et de défense de chacun.

Inhibition : terme psychologique qui signifie blocage. On se trouve incapable de dire ou de faire ce que l'on désire vraiment.

J

Jardin secret : pensées intimes de chacun (sentiments, secrets, fantasmes, etc.). À cultiver ou à partager, un peu comme on le sent.

Jeux (érotiques) : l'amour physique n'est pas qu'une chose sérieuse, normative et prévisible. Pour que le plaisir dure, place à l'imagination !

Jouissance : satisfaction sexuelle très souvent associée à l'idée d'orgasme.
La jouissance et le plaisir sont le plus souvent synonymes. Il faut généralement plus de temps aux filles qu'aux garçons pour l'atteindre. Les caresses et les mots sont d'excellents stimulants.

K

Kama-sutra : célèbre traité de l'amour indien réunissant des textes sacrés et des illustrations, probablement écrit vers le milieu du IVe siècle. Les différentes positions de l'amour y sont détaillées.

L

Latex : matière avec laquelle sont fabriqués les préservatifs et... toute une panoplie d'objets fétichistes (culottes, soutiens-gorge, etc.). Les allergies au latex sont exceptionnelles.

Lesbienne : femme attirée sexuellement par les femmes. L'origine du mot vient de l'île grecque de Lesbos, en mer Égée, où vivaient des femmes homosexuelles, parmi lesquelles la célèbre poétesse Sapho.

Libido : s'emploie le plus souvent pour désigner le désir sexuel, mais peut tout aussi bien désigner la pulsion de vie en général.

Lubrification : la lubrification vaginale se fait sous l'effet du désir sexuel. Elle est l'équivalent de l'érection chez l'homme. Son absence rend la pénétration difficile. Il existe des lubrifiants, sorte de gels qui améliorent la situation locale.

Luxure : recherche effrénée des plaisirs sexuels. La luxure est l'un des sept péchés capitaux qui comptent aussi - un petit effort de mémoire : la paresse, l'envie, l'orgueil, la gourmandise, la colère et l'avarice, comme dans le film *Seven*.

M

Machisme : attitude ou comportement qui se fonde sur une supériorité de l'homme du simple fait qu'il a un pénis.

Majorité sexuelle : en France, elle est fixée à 15 ans, pour les hétérosexuels comme pour les homosexuels. Un adulte qui aurait donc des rapports avec un adolescent de moins de 15 ans serait passible d'une condamnation.

Masochiste : personne qui, pour éprouver du plaisir (sexuel ou non), a besoin de souffrir ou de se sentir humiliée.

Masturbation : stimulation des organes génitaux à l'aide de la main ou d'un objet. Elle se pratique seule ou de façon réciproque.

Menstruation : (ou menstrues) vient du mot « mois ». Les règles arrivent en principe une fois par mois. On les appelle aussi les ragnagnas, les affaires, etc.

Mononucléose infectieuse : « maladie du baiser » transmise par la salive. Gentille MST, elle donne mal à la gorge, des ganglions le long du cou, une fièvre modérée et une forte fatigue.

MST : maladie sexuellement transmissible, donc contagieuse. Il est indispensable de la repérer, d'alerter son/sa partenaire et de la traiter aussi vite que possible.

Mycose : maladie spécifiquement due à des champignons (souvent les candidas). Chez la femme, elle peut survenir après une prise d'antibiotiques, par destruction de l'écosystème vaginal : ça brûle, ça démange, cela donne des pertes blanches très épaisses. C'est une affection très fréquente, parfois récidivante.

N

Nymphomane : femme au désir sexuel inassouvi même lorsque les rapports sont très nombreux. Ce comportement prête peut-être à sourire ou à rêver, mais la nymphomanie est une vraie souffrance, un peu comme si on était une droguée du sexe toujours en manque. L'équivalent existe chez le garçon et est socialement toléré...

O

Œdipe (complexe d') : terme défini pour la première fois par Freud, le père de la psychanalyse. Ce complexe a pour objet l'attachement du fils pour sa mère et de la fille pour son père, surtout entre 3 et 6 ans. À l'adolescence, l'enfant vit ses premières aventures amoureuses et se détache le plus souvent définitivement du parent de sexe opposé. Parfois, le lien a du mal à se rompre. Il en résulte chez les femmes une attirance pour des hommes qui ressemblent à leur père, mais avec lesquels elles n'ont ni désir sexuel ni plaisir. L'homme, très attaché à sa mère, est amoureux de femmes qu'il respecte trop pour leur faire l'amour.

Onanisme : terme synonyme de masturbation. C'est le « péché d'Onan » : ce personnage, de par la loi juive, devait s'unir à sa belle-sœur veuve, mais il refusait de lui faire un enfant en répandant sa semence à l'extérieur. Dieu le punit.

Orchite : inflammation des testicules, souvent à la suite d'une infection.

Orgasme : maximum du plaisir sexuel. Il éclate sous forme de contractions musculaires involontaires. Son origine est clitoridienne. Il se propage au vagin, à l'utérus. Ça ne prévient pas, ça arrive, ou n'arrive pas !

Ovaires : deux glandes génitales féminines. Ils sécrètent les hormones féminines et pondent les ovules.

Ovule : expulsé par le follicule dominant, il sort de l'ovaire et devient un œuf quand il est fécondé.

P

Panne : perte d'érection momentanée due à la fatigue ou au stress.

Pédéraste : homme pratiquant des jeux sexuels ou ayant des relations avec des garçons pubères.

Pédophile : homme ayant des relations sexuelles avec des enfants ou des adolescents de moins de 15 ans.

Pénis : organe sexuel masculin. Le terme plus médical est verge, phallus s'utilise plutôt lorsqu'il s'agit du symbole de la virilité masculine. Il existe un nombre très impressionnant de termes familiers ou d'argot pour le désigner, ce qui en dit long sur l'intérêt porté à cet « instrument vital ».

Phéromone : hormone odorante sécrétée par l'animal (et sans doute par l'*Homo sapiens*) pour provoquer le désir et attirer son ou sa partenaire.

Phimosis : rétrécissement de l'orifice du prépuce qui gêne le décalottage. Nécessite parfois un petit acte chirurgical.

Pilule : contraception qui bloque l'ovulation et dont l'efficacité sans oubli est absolue. La pilule pour homme est testée un peu partout dans le monde, mais elle est loin d'être au point.

Pollution nocturne : terme un peu démodé et péjoratif faisant allusion aux éjaculations spontanées lors du sommeil. C'est souvent ainsi que l'adolescent découvre qu'il est capable d'éjaculer.

Positions : la plus classique est celle du missionnaire : l'homme est allongé sur la femme et la pénètre. La position choisie met en jeu l'imaginaire, la souplesse, le domaine affectif et symbolique, la pudeur. Certains préfèrent des attitudes plus ou moins dominantes, passives ou dévoilées...

Préservatif : actuellement le seul moyen de contraception masculin. Il existe depuis déjà 5 000 ans, puisqu'on sait que les Égyptiens utilisaient des vessies d'animaux pour se protéger des maladies vénériennes. Les Romains ont fait appel également au boyau de porc ou de bouc. Louis XIV l'a aussi utilisé, en soie ou en velours, maintenu par un ruban de couleur. Dans *La Philosophie du boudoir* (1795), le marquis de Sade évoque « le petit sac de peau de Venise dans lequel la semence coule sans risquer d'atteindre son but ». Depuis peu, il existe un préservatif féminin en polyuréthane, appelé le Fémidom®.

Priapisme : de Priape, dieu grec des Jardins, des Vergers et des Plaisirs obscènes. Érection prolongée de plus de trois heures. *A priori* le rêve, sauf que là la tension excessive de la verge fait souffrir et que les corps caverneux, responsables de l'érection, risquent d'être sérieusement endommagés. Exceptionnel chez les adolescents.

Progestérone : hormone féminine sécrétée dans la seconde phase du cycle, après l'ovulation. Elle sert au maintien de la grossesse.

Puberté : phénomène biologique et physiologique qui marque le commencement de l'adolescence (apparition des poils, des seins et enfin des règles).

R

Rapport sexuel : souvent synonyme de pénétration. Pourtant des contacts très « chauds » et poussés sans pénétration sont nommés par leurs pratiquants rapports sexuels : fellation, cunnilingus, caresses, etc.

Relapse : attitude qui consiste à abandonner de façon épisodique toute protection contre les MST en fonction du partenaire, de la couleur du ciel, ou de critères totalement irrationnels.

Retrait (ou coït interrompu) : méthode naturelle de contraception qui consiste à se retirer de sa partenaire juste avant l'éjaculation. Technique vieille comme le monde, (« sauter du train en marche »), avec taux d'échec important.

S

Sadique : personne qui a besoin d'humilier, de faire mal, d'insulter, de punir, pour se sentir exister ou être excité.

Safe sex : en anglais, « sexualité sans risque ». Terme qui s'est développé après l'apparition du sida dans les milieux homosexuels puis hétérosexuels. Consiste à limiter les rapports à des caresses sans pénétration et à des jeux de masturbation. Il s'agit d'une sexualité « à distance », où l'utilisation du préservatif, du doigtier, etc., sont le minimum indispensable.

Scrotum : peau qui enveloppe les testicules, les protège et les maintient.

Séropositif : une personne est séropositive lorsqu'elle a contracté le virus du sida mais ne souffre pas encore de la maladie. Même sans symptômes, elle peut transmettre le sida.

Sexualité : ensemble de comportements physiques, psychologiques et relationnels destinés à terme à assurer la perpétuation de l'espèce. Chez l'homme, sexualité, reproduction et amour sont pourtant indépendants. Il est le seul mammifère évolué qui a inventé l'érotisme et les fantasmes, mais qui est capable de maîtriser ses pulsions sexuelles et de tenir compte du désir de l'autre.

Sida : S comme syndrome (ensemble de symptômes), I comme immuno (l'organisme fabrique des substances pour lutter contre les virus et les bactéries ; ces substances constituent les défenses immunitaires), D comme déficience (l'organisme sans défense est la proie de toutes les infections), A comme acquise (la maladie s'attrape, elle n'est pas héréditaire, mais elle peut être transmise de la mère à l'enfant au cours de la grossesse).

Smegma : substance sécrétée entre le prépuce et le gland chez l'homme non circoncis pour faciliter le décalottage. Une hygiène régulière est indispensable afin d'éviter les risques d'adhérence et d'infection.

Sodomie : pénétration par l'anus, chez l'homme ou la femme, qui avec l'habitude peut procurer du plaisir. Cette pratique nécessite une stimulation très progressive, de la délicatesse et l'utilisation de lubrifiants afin d'éviter des saignements et des douleurs. Le préservatif est indispensable avec un partenaire non stable ou nouveau.

Soixante-neuf : position de l'amour où les deux partenaires sont tête-bêche (69) et se lèchent les organes sexuels.

Spermatozoïde : cellule reproductrice du garçon. Chaque jour, des millions de spermatozoïdes sont fabriqués. S'il n'y a pas d'éjaculation, ils s'autodétruisent au bout de quelques jours et sont remplacés par de fringants arrivants. Contrairement à la femme, l'homme peut fabriquer des spermatozoïdes toute sa vie et faire des enfants à un âge avancé.

Spermicide : « antidote » contre les spermatozoïdes. Contraception locale mise dans le vagin sous forme d'ovule, de gel, d'éponge, etc. Beaucoup d'échecs.

T

Testicules : deux glandes génitales mâles chargées de produire les spermatozoïdes et de sécréter les hormones sexuelles.

Testostérone : principale hormone mâle sécrétée par les testicules. Une déficience entraîne une perte des poils sur le corps et une diminution de la musculation.

U

Urètre : canal urinaire qui part de la vessie et aboutit à l'extérieur, au niveau du méat urinaire. Chez le garçon, il conduit à la fois l'urine et le sperme venu du canal déférent.

V

Vénérienne : on parlait autrefois de maladies vénériennes, aujourd'hui on préfère parler de MST.

Vestibule : triangle de peau dont le sommet est le clitoris, les côtés la face antérieure des petites lèvres, la base l'orifice vaginal.

VH (ou HV) : virus de l'herpès.

Viagra : premier comprimé qui permet de retrouver une érection au bout d'une heure. Conçu pour des hommes de plus de 50 ans ayant des difficultés d'érection. Surnommé « pilule de l'amour ».

Vibromasseur : appareil vibrant utilisé le plus souvent par les femmes pour provoquer des sensations voluptueuses.

Virilité : souvent assimilée à la puissance sexuelle masculine. Nécessite certains attributs physiques et comportementaux : poils (mais pas forcément), muscles proéminents, épaules carrées, prestance, assurance, courage, statut social, attitude protectrice à l'égard des femmes. Rien à voir avec le machisme.

Volupté : plaisir des sens et, spécialement, plaisir sexuel.

Voyeur : personne qui est plus excitée de voir les autres faire l'amour que d'agir elle-même. Elle est passive, souvent cachée.

Vulve : partie visible du sexe de la femme comprenant le mont de Vénus, les grandes lèvres, les petites lèvres et le clitoris. Elle est rarement mise en image, sauf dans le tableau de Gustave Courbet, *L'Origine du monde,* visible au musée d'Orsay.

Vulvodynie : douleur de la région vulvaire qui rend les rapports sexuels douloureux. Elle peut être d'origine inflammatoire ou infectieuse. C'est parfois une affection dermatologique ou neurologique. Quand tous les examens sont négatifs, la cause de la vulvodynie est peut-être psychologique.

X

X : lettre la plus « hot » du dictionnaire, symbole de la pornographie. Le classement X des films, créé en 1975, impose une projection dans des salles spécialisées avec interdiction aux mineurs de moins de 18 ans.

Y

Y : le chromosome sexuel Y se trouve exclusivement chez le garçon, dont la formule génétique est symbolisée par XY. Les filles, elles, ont deux chromosomes sexuels X, leur formule est XX.

Z

Zizi : mot utilisé par les enfants comme par les adultes pour LE désigner.

Zigounette, zézette : zigounette, c'est pour les filles.

Zut ! J'ai oublié ma pilule.

Adresses utiles

Allô Enfance Maltraitée : 119 ou 0 800 05 41 41

Association des centres de régulation des naissances de l'Assistance publique-hôpitaux de Paris : Hôpital Saint-Louis, 1, avenue Claude-Vellefaux, 75010 Paris, 01 42 49 91 39

Association pour la contraception d'urgence ou du lendemain : Centre d'orthogénie de l'hôpital Broussais, 92, rue Didot, 75014 Paris, 01 43 95 90 60

CNIDF (Centre national d'information et de documentation des femmes et des familles) : 01 43 31 77 00

Croix-Rouge Écoute : 0 800 858 858

Drogues Info Service : 0 800 23 13 13, 7 jours sur 7, 24 heures sur 24. Appel gratuit.

Fil Santé Jeunes : 0 800 235 236

Hépatite Info Service : 0 800 845 800

Kiosque Info Sida : 01 44 78 00 00

La Ligne de Vie : 0 801 037 037

Le site Internet de l'association **Aides** : www.aides.org, fournit des flashes info et offre la possibilité de poser des questions

Mouvement français pour le planning familial : 4, square Saint-Irénée, 75011 Paris, 01 48 07 29 10

Paris Ados Service : 01 42 40 20 42

Préservatifs gratuits : 0 800 01 39 32

RESO : 0 800 232 600

Sida Info Service : 0 800 840 800

Site Internet **www.drogues.gouv.fr**, avec en plus la possibilité de poser des questions

Site Internet **www.drclic.com** permet devant tout symptôme de savoir quoi faire, qui appeler, dans quel délai et de connaître sa gravité

www.gyneweb.com

www.norlevo.com

www.pilado.com

SOS Amitié : 01 42 96 26 26

SOS Dépression : 01 45 22 44 44

Adresses utiles

SOS Drogue-Police : 0 800 14 21 52

SOS Grossesse : 01 45 82 13 14 ou 01 45 84 55 91.
E-mail : info@sosgrossesse.org

SOS Viols-Femmes-Informations, du lundi au vendredi, de 10 heures à 19 heures : 0 800 05 95 95. Les garçons appellent aussi, souvent après les vacances (viols en colonie) ou après la rentrée (bizutage)

Suicide Écoute : 01 45 39 40 00

Vivre Son Deuil : 01 42 38 08 08

Index

A

Acné : 52
Anorexie : voir *Poids*
Avortement : voir *IVG*

B

Bisexualité : 94 à 96
Boulimie : voir *Poids*

C

Chlamydia : 198 à 200
Cigarette : voir *Pilule*
Circoncision : 78
Clitoris : 23, 25, 81, 82, 85
Condylomes : 194, 195
Contraception : 99 à 136
Cunnilingus : 89
Cystite : 179 à 181

E

Échographie : 44
Éjaculation : 78, 82, 85, 86
Érection : 78, 81

F

Fantasmes : 78, 90
Fécondation : 40 à 43
Fellation : 88, 89
Fibrome : 184
Frigidité : 82, 92, 93
Frottis : 167 à 169

G

Gland : 77, 78
Gonocoque : 201
Grossesse : 148
Gynécologie : 10, 75

H

Herpès : 195 à 197
Hormones : 13, 33, 34, 54, 58, 59
Homosexualité : 94 à 96
Hymen : 25, 26, 86 ,87

I

Inceste : 96 à 98
IVG (interruption volontaire de grossesse) : 137 à 157

K

Kyste : 182 à 184

L

Lèvres : 22, 23
Libido : 73
Lubrification : 27, 85

M

Mal de ventre : 179 à 184
Masturbation : 13, 78, 81
Morpions : 188, 189
MST (maladie sexuellement transmissible) : 102, 186 à 208

Mycoplasme : 200
Mycose : 190 à 192

O

Odeurs : 55
Orgasme : 82, 85, 86
  orgasme féminin : 81, 82, 85, 86, 92, 93
  orgasme masculin : 82, 85, 87
Ovaire : 33, 34, 36
Ovulation : 36, 37, 38

P

Pénétration : 85, 93
  douleur : 85, 86, 90, 91
  manque de plaisir : 86, 92, 93
  peur : 85, 91, 92
Pénis : 76 à 78
Pertes blanches : 177, 178
Pilule : 107 à 127
  oubli : 113
  pilule du lendemain : 125 à 127
  pilule et tabac : 119, 120
Poids : 55 à 64
  anorexie : 61 à 64, 177
  boulimie : 60, 61
  régimes : 57, 58
Poils : 12, 54
Point G : 82, 88
Positions sexuelles : 87
Premier baiser : 80
Prépuce : 78
Préservatif : 102 à 106
  pose du préservatif : 103
  préservatif féminin : 128, 129
Puberté : 12, 13

R

Régimes : voir *Poids*
Règles : 34 à 50, 172 à 178
  premières règles : 14, 43
  irrégulières : 45, 46
  serviette ou tampon : 48, 49
Retrait : 131

S

Salpingite : 197 à 202
Seins : 12, 14, 15, 20, 81
  boutons : 15, 16
  chirurgie esthétique : 19
  douleur dans les seins : 21, 22
  poils : 15
  soleil : 18
  taille des seins : 16, 17
  vergetures : 17
Sida : 102, 203 à 208
Sodomie : 89
Soutien-gorge : 17, 18
Spéculum : 165, 166
Spermatozoïdes : 41, 42, 76
Sperme : 78, 85, 88
Spermicides : 104, 106, 129
Sport : 65
Stérilet : 127, 128
Syphilis : 203

T

Testicules : 76, 77
Toucher vaginal : 170, 171
Trompes : 32

U

Utérus : 29, 30

V

Vagin : 22, 23, 27, 85
Verge : voir *Pénis*
Vergetures : 17, 53
Vierge : 26, 49, 50, 144
Viol : 96 à 98
Vulve, vulvite : 22, 23, 81, 186 à 189

NON... RIEN DE GRAVE... TOUT JUSTE UNE PETITE MALADIE D'AMOUR !

Table

Introduction 9

Chapitre 1. Le corps et ses métamorphoses 11

Les signes avant-coureurs 12
Le développement de la pilosité........................ 12
La naissance des seins 12
Les premiers émois sexuels............................ 13
Les règles.. 14
L'anatomie 14
Les seins 14
Les organes génitaux 22
L'appareil génital externe............................ 22
La vulve 23
Le clitoris 25
L'hymen 25
Le vagin 27
L'appareil génital interne 29
L'utérus 29
Les trompes 32
Les ovaires 32
Les changements qui ne se voient pas 32
Les hormones.. 33
Le cycle menstruel.................................... 34
L'ovulation... 37
La fécondation.. 40
L'ovule 40
Les spermatozoïdes 41
Les règles.. 43
Les modifications visibles........................ 51
La peau 51
Les boutons 52
Les vergetures...................................... 53

Les poils 54
Les odeurs 55
Le poids 55
Les régimes en question 57
La boulimie 60
L'anorexie 61
L'obsession de perdre des kilos... 62
...qui peut virer à l'anorexie mentale 63
Les changements psychologiques de l'adolescence 65
La relation avec les autres change 66
La prise de risque peut être très « risquée » 67
« Jamais contente » 68

Chapitre 2. L'éveil de la sexualité 71
La relation avec les parents 73
Chacun son jardin secret 74
Pouvoir en parler 75
Le corps de l'autre, le garçon 76
Les premières approches 79
Le premier rapport 81
L'acte sexuel en quatre temps 84
La phase d'excitation 84
La phase de tension ou de plateau 84
La phase de l'orgasme 85
La phase de détente ou de résolution 85
De la crainte au plaisir 85
Quelques difficultés 90
Homosexualité et bisexualité 94
Les abus sexuels 96

Chapitre 3. La contraception 99
Le préservatif masculin 102
La pilule 107
Pourquoi la pilule fait peur 118
Pilule et tabac 119
Les risques du tabac 120
Pilule et cancer 121
Pilule et infertilité 122
La pilule du lendemain 125

Les contraceptions locales 127
Le stérilet 127
Les préservatifs féminins 128
Les spermicides 129
Les méthodes naturelles 131
Le retrait ou coït interrompu 131
Des calculs incertains 132
La courbe de température 132
La méthode de Billing 133
La contraception masculine 133

Chapitre 4. L'interruption de grossesse 137
Ce que dit la loi de 1975 139
Enceinte sans le vouloir 142
Les démarches 149
Et les parents ? 150
Les différentes méthodes 151
L'aspiration 151
La méthode médicamenteuse 152

Chapitre 5. La consultation de gynéco 159
La visite chez la gynéco 161
L'interrogatoire médical 161
L'examen gynécologique 163
La table d'examen 164
L'examen au spéculum 165
Le frottis 167
L'examen au microscope 169
Le toucher vaginal 170
Pourquoi consulter 171
Les troubles des règles 172
Le mal de ventre 179
La cystite 179
Les troubles intestinaux 181
Le mal au ventre d'origine gynéco 182
Le kyste de l'ovaire 182
Les fibromes 184
Quand le mal de ventre vient d'ailleurs 184

Chapitre 6. Les maladies du sexe 185
Vulvites et vulvo-vaginites 186
Des infections à germes banals 187
L'irritation de la vulve n'est pas toujours d'origine gynécologique 188
Les vulvo-vaginites 189
L'hémophilus vaginalis 190
La mycose 190
Le trichomonas 193
Boules, verrues et boutons 193
Une ou des petites boules qu'on sent sous le doigt 193
Les verrues : les condylomes 194
Les boutons : l'herpès génital 195
Les infections des trompes, ou salpingites 197
Le chlamydia 198
Le mycoplasme 200
Le gonocoque 201
L'hépatite B 202
La syphilis 203
Le sida 203
La transmission du sida 204

Conclusion 209

Dictionnaire de l'amour et du sexe 211

Index 225

Notes

Vos adresses

....

....

....

....

....

....

....

....

....

....

....

....

Vos infos

....

....

....

....

....

....

....

....

....

....

....

....

Vous avez encore des questions dont nous n'avons pas parlé ?

Merci de nous les signaler pour qu'on en tienne compte dans une prochaine édition.

....

....

....

....

....

....

....

....

....

....

....

....

....

....

....

....

....

....

....

À retourner aux auteurs :

Dr Irène Borten-Krivine et Dr Diane Winaver
Éditions Albin Michel
22, rue Huyghens
75014 Paris

Conception graphique :
Stéphanie Le Bihan

La composition de cet ouvrage
a été réalisée par I.G.S. Charente Photogravure,
à l'Isle-d'Espagnac,
l'impression et le brochage ont été effectués
sur presse Cameron dans les ateliers
de ***Bussière Camedan Imprimeries***
à Saint-Amand-Montrond (Cher),
pour le compte des Éditions Albin Michel.

Achevé d'imprimer en février 2003.
N° d'édition : 21669. N° d'impression : 031021/4.
Dépôt légal : juin 2001.
Imprimé en France